The Wind

by Craig Hammersmith

Content and Reading Adviser: Mary Beth Fletcher, Ed.D.
Educational Consultant/Reading Specialist
The Carroll School, Lincoln, Massachusetts

Spyglass
BOOKS

✦ COMPASS POINT BOOKS

Minneapolis, Minnesota

Compass Point Books
3109 West 50th Street, #115
Minneapolis, MN 55410

Visit Compass Point Books on the Internet at *www.compasspointbooks.com*
or e-mail your request to *custserv@compasspointbooks.com*

Photographs ©: Unicorn Stock Photos/Aneal Vohra, cover; D. Yeske/Visuals Unlimited, 4; Unicorn Stock Photos/Chuck Schmeiser, 5; Tom Uhlman/Visuals Unlimited, 7; Norvia Behling, 8; Buff Corsi/Visuals Unlimited, 9; Ariel Skelley/Corbis, 10; Digital Vision, 11, 14; Merrilee Thomas/Tom Stack & Associates, 12; Unicorn Stock Photos/Kelly Parris, 13; Therisa Stack/Tom Stack & Associates, 15; PhotoDisc, 16; Corbis, 17; Photo Network/Sal Maimone, 18; Douglas Kirkland/Corbis, 19 (top); Victoria Hurst/Tom Stack & Associates, 19 (bottom); Inga Spence/Tom Stack & Associates, 20; Roy David Farris/Visuals Unlimited, 21 (top); John D. Cunningham/Visuals Unlimited, 21 (bottom left); Michael S. Yamashita/Corbis, 21 (bottom right).

Project Manager: Rebecca Weber McEwen
Editors: Heidi Schoof and Patricia Stockland
Photo Researcher: Svetlana Zhurkina
Designer: Jaime Martens

Library of Congress Cataloging-in-Publication Data
Hammersmith, Craig.
 The wind / by Craig Hammersmith.
   p. cm. — (Spyglass books)
Includes bibliographical references and index.
Contents: What is wind?—What makes wind?—Can you see the wind?—Wind and weather—Watch out!—Wind at work—How fast?—Wind fun.
 ISBN 0-7565-0456-2 (hardcover)
 1. Winds—Juvenile literature.   [1. Winds.]   I. Title.
 II. Series.
 QC931.4.H36 2003
 551.51'8—dc21   2002012631

Contents

NOTE: Glossary words are in *bold* the first time they appear.

What Is Wind?

Wind is air that is moving. Sometimes, it moves slowly. Sometimes, it moves fast.

Some winds are so strong, they can push things over.

What Makes Wind?

When the sun heats the air, warm air rises. Cool air moves in to take its place. This moving air is the wind.

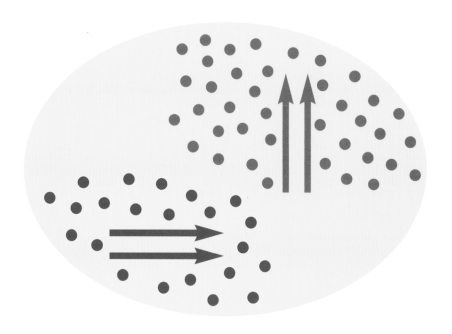

The sun heats the air all year round—even in the winter.

Can You See the Wind?

Even when the wind is blowing hard, you can't see it. You can only see what it does.

The wind can move clothes that are hung out to dry.

Dust Devils

Dust devils happen when air near the ground gets hot. The hot air rises very fast. It carries sand or dust with it.

Wind and Weather

Wind can change the weather. A hot day can turn cold if cold air blows in after hot air moves up and away.

Weather Warning
Cool air blowing into warm air can make thunderstorms.

11

Watch Out!

Some winds can cause big problems.

Wind from a **_tornado_** can **_destroy_** everything in its path. Some tornado winds are strong enough to lift cars off the ground.

Strong Winds

Tornado winds can blow faster than 300 miles (483 kilometers) per hour.

13

Hurricane winds also blow very fast.

Some hurricane winds are strong enough to blow roofs off buildings.

Hurricane winds can cause a lot of *damage.*

Wind at Work

People have learned how
to use wind to help them.
Windmills turn wind's power
into *energy.* This energy
can make *electricity* or
grind up grain.

Powerful Windmills
Windmills like these can make
electricity for many homes.

Measuring Wind

A weather vane tells which direction the wind is coming from.

An anemometer tells how fast the wind is blowing.

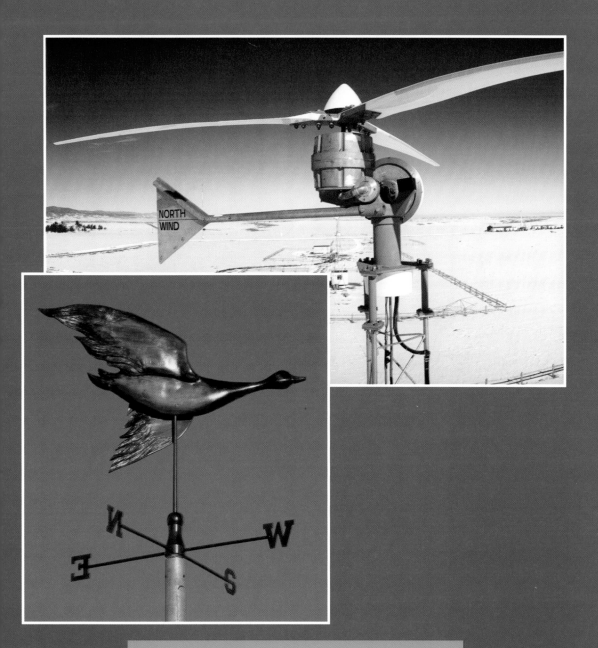

A weather vane is also called a "wind vane."

Wind Fun

You can do fun things when the wind blows!

Fly a kite!

A kite needs the wind to fly high in the sky.

Sail a toy sailboat!

A sailboat moves by catching wind in its sails.

Hang a wind chime!

Wind chimes make pretty sounds when the wind blows.

Hang a wind sock!

A wind sock shows the direction the wind is blowing.

Glossary

damage–what is left broken or harmed after something bad happens

destroy–to ruin something

electricity–a kind of energy that makes things work

energy–a force that gives something the power to grow or move

hurricane–a strong circular storm that starts over warm ocean waters

tornado–a strong wind that moves in a tall column and goes around and around very quickly

Learn More

Books

Flanagan, Alice K. *Weather.* Minneapolis, Minn.: Compass Point Books, 2001.

Owen, Andy and Miranda Ashwell. *Wind.* Des Plaines, Ill.: Heinemann Library, 1999.

Schaefer, Lola M. *A Windy Day.* Mankato, Minn.: Pebble Books, 1999.

Web Sites

Brain POP

www.brainpop.com/science/seeall.weml (click on "wind" or "hurricanes" or "tornadoes")

National Geographic Kids

www.nationalgeographic.com/ngkids/ trythis/try4.html

Index

GR: I
Word Count: 179

From Craig Hammersmith

I like to camp in the mountains near my Colorado home. I always bring a good book and a flashlight so I can read in the tent!

AL LECTOR

Dianética (del griego *dia:* "a través", y *nous:* "alma") define principios fundamentales de la mente y el espíritu. A través de la aplicación de estos descubrimientos, se hizo evidente que Dianética trataba con un ser que desafiaba al tiempo –el espíritu humano– originalmente denominado el "yo" y subsecuentemente el "thetán". A partir de ahí, el Sr. Hubbard continuó su investigación, trazando finalmente el mapa del camino a la libertad espiritual total del individuo.

Dianética es un precursor y un subestudio de Scientology que, como la practica la Iglesia, sólo se dirige al "thetán" (espíritu), que es superior al cuerpo, y a su relación y efectos sobre el cuerpo.

Este libro se presenta en su forma original y es parte de la literatura y de las obras religiosas de L. Ronald Hubbard, y no es una declaración de pretensiones hechas por el autor, la editorial ni ninguna Iglesia de Scientology. Es un registro de las observaciones e investigaciones del Sr. Hubbard sobre la vida y la naturaleza del hombre.

Ni Dianética ni Scientology se ofrecen ni se presentan como una curación física ni hacen ninguna afirmación a tal efecto. La Iglesia no acepta individuos que deseen tratamiento de enfermedades físicas o mentales sino que, en su lugar, exige un examen médico competente en cuanto a condiciones físicas, realizado por especialistas calificados, antes de abordar su causa espiritual.

El Electrómetro Hubbard®, o E-Metro, es un aparato religioso utilizado en la Iglesia. El E-Metro, por sí mismo, no hace nada y sólo lo utilizan ministros, o personas que se están preparando como ministros, capacitados en su uso para ayudar a los feligreses a localizar la fuente de sus tribulaciones espirituales.

El logro de los beneficios y metas de Dianética y Scientology exige la participación dedicada de cada individuo, ya que sólo se pueden lograr a través del esfuerzo propio.

Esperamos que la lectura de este libro sea el primer paso de un viaje personal de descubrimiento, a esta nueva y vital religión mundial.

ESTE LIBRO PERTENECE A

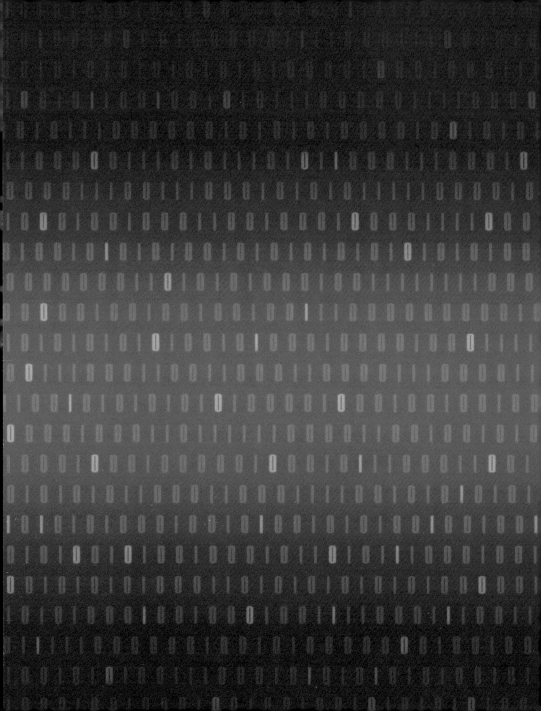

DIANÉTICA
LA EVOLUCIÓN DE UNA CIENCIA

DIANÉTICA

LA EVOLUCIÓN DE UNA CIENCIA

L. RONALD HUBBARD

Bridge
Publications, Inc.

UNA
PUBLICACIÓN
HUBBARD®

BRIDGE PUBLICATIONS, INC.
4751 Fountain Avenue
Los Angeles, California 90029

ISBN 978-1-4031-4472-0

LATIN AMERICAN SPANISH — *DIANETICS: THE EVOLUTION OF A SCIENCE*

Impreso en Estados Unidos

DIANÉTICA:

DIANÉTICA SIGNIFICA
"A TRAVÉS DE LA MENTE"
O "A TRAVÉS DEL ALMA"
(DEL GRIEGO *DIA*, A TRAVÉS
Y *NOUS*, MENTE O ALMA).
ES UN SISTEMA DE AXIOMAS
COORDINADOS QUE RESUELVE
PROBLEMAS CONCERNIENTES A
LA CONDUCTA HUMANA
Y LAS ENFERMEDADES PSICOSOMÁTICAS.
COMBINA UNA TÉCNICA FUNCIONAL
Y UN MÉTODO TOTALMENTE VALIDADO
PARA AUMENTAR LA CORDURA,
BORRANDO SENSACIONES
INDESEADAS Y EMOCIONES
DESAGRADABLES.

NOTA IMPORTANTE

Al leer este libro, asegúrate muy bien de no pasar nunca una palabra que no comprendas por completo. La única razón por la que una persona abandona un estudio, se siente confusa o se vuelve incapaz de aprender, es porque ha pasado una palabra que no comprendió.

La confusión o la incapacidad para captar o aprender viene DESPUÉS de una palabra que la persona no definió ni comprendió. Tal vez no sean sólo las palabras nuevas e inusuales las que tengas que consultar. Algunas palabras que se usan comúnmente, con frecuencia pueden estar definidas incorrectamente y por lo tanto causar confusión.

Este dato acerca de no pasar una palabra sin definir es el hecho más importante en todo el tema del estudio. Cada tema que hayas comenzado y abandonado contenía palabras que no definiste.

Por lo tanto, al estudiar este libro asegúrate muy, muy bien de no pasar nunca una palabra que no hayas comprendido totalmente. Si el material se vuelve confuso o parece que no puedes captarlo, justo antes habrá una palabra que no has comprendido. No sigas adelante, sino regresa a ANTES de que tuvieras dificultades, encuentra la palabra malentendida y defínela.

GLOSARIO

Para ayudar a la comprensión del lector, L. Ronald Hubbard dispuso que los editores proporcionaran un glosario. Este se incluye en el Apéndice, *Glosario Editorial de Palabras, Términos y Frases*. Las palabras a veces tienen varios significados. El *Glosario Editorial* sólo contiene las definiciones de las palabras como se usan en el texto. Se pueden encontrar otras definiciones en un diccionario normal del idioma o en un diccionario de Dianética y Scientology.

Si encuentras cualquier otra palabra que no conoces, búscala en un buen diccionario.

D I A N É T I C A:
L A   E V O L U C I Ó N   D E   U N A   C I E N C I A

CONTENIDO

CAPÍTULO UNO

LA MÁQUINA
COMPUTADORA ÓPTIMA

LA MÁQUINA
COMPUTADORA ÓPTIMA

LA MÁQUINA COMPUTADORA óptima es un tema que muchos de nosotros hemos estudiado. Si estuvieras construyendo una, ¿cómo la diseñarías?

Primero: la máquina debería ser capaz de computar con exactitud perfecta cualquier problema en el Universo y aportar respuestas que fueran siempre e invariablemente correctas.

Segundo: la computadora tendría que ser rápida, debería funcionar a mucha más velocidad de la necesaria para que el problema y el proceso pudieran articularse verbalmente.

Tercero: la computadora tendría que ser capaz de manejar simultáneamente un gran número de variables y un gran número de problemas.

Cuarto: la computadora tendría que ser capaz de evaluar sus propios datos y debería quedar disponible en ella no sólo un registro de sus conclusiones anteriores, sino también las evaluaciones que llevaron a esas conclusiones.

Quinto: la computadora tendría que tener a su servicio un banco de memoria de capacidad casi infinita en el cual pudiera almacenar datos de observaciones y conclusiones provisionales que pudieran ser útiles para computaciones futuras, y los datos del banco tendrían que estar disponibles para la porción analítica de la computadora en las fracciones de segundo más pequeñas posibles.

Sexto: la computadora tendría que ser capaz de reorganizar conclusiones anteriores, o alterarlas a la luz de nuevas experiencias.

Séptimo: la computadora no necesitaría un director exterior de programación, sino que sería completamente auto-determinada en cuanto a su programación, guiada sólo por el valor de necesidad de la solución, que ella misma determinaría.

Octavo: la computadora debería darse mantenimiento a sí misma y autoprotegerse contra daños presentes y futuros y podría valorar daños futuros.

Noveno: la computadora tendría que tener a su servicio percepciones mediante las cuales pudiera determinar el grado de necesidad. El equipo incluiría medios para ponerse en contacto con todas las características deseables del mundo finito. Esto significaría percepciones de visión cromática, audio-timbre, olor, táctiles y de sí misma, ya que sin esto último no podría repararse a sí misma adecuadamente.

Décimo: el banco de memoria debería almacenar las percepciones según las recibiera, consecutivamente con su tiempo de recepción, con las mínimas porciones de tiempo posibles entre percepciones. Almacenaría, pues, con visión cromática (en movimiento), audio-timbre (fluyendo), olor, táctil y sensación de sí, con todas estas percepciones coordinadas entre sí.

Undécimo: para obtener soluciones, tendría que ser capaz de crear nuevas situaciones e imaginar nuevas percepciones no recibidas hasta entonces, y debería poder concebirlas para sí en cuanto a audio-timbre, visión cromática, olor, táctil y sensación de sí, y tendría que ser capaz de archivar cualquier cosa así concebida, etiquetada como "memorias" imaginadas.

Duodécimo: sus bancos de memoria no deberían consumirse cuando se inspeccionaran, sino que deberían suministrar al perceptor central de la computadora, sin distorsión, copias perfectas de cualquier cosa que hubiera en los bancos, con visión cromática, audio-timbre, olor, táctil y sensaciones orgánicas.

Decimotercero: la máquina entera debería ser portátil.

Existen otras características deseables, pero las enumeradas bastarán por el momento.

Quizás, al principio sea un tanto sorprendente concebir una computadora así. Pero el hecho es que esta máquina existe. Se están usando hoy en día miles de millones de ellas, y se han hecho y usado muchos, muchos miles de millones más en el pasado.

De hecho, tú tienes una. Pues nos referimos a la mente humana.

Lo anterior es una generalización del cerebro óptimo. El cerebro óptimo, aparte de que no siempre es capaz de resolver cada problema del Universo, básicamente funciona justo de esa forma. Debería tener recuerdo de memoria en visión cromática (en movimiento), audio-timbre (fluyendo), olor, táctil y orgánico. Y debería tener imaginación en visión cromática (en movimiento), audio-timbre (fluyendo), olor, táctil y orgánica, que también se pudieran recordar después de imaginar, como cualquier otra memoria. Y debería poder diferenciar con precisión entre realidad e imaginación. Y debería poder recordar cualquier percepción, aun las más triviales, estando dormida o despierta, desde el principio de la vida hasta la muerte. Ese es el cerebro óptimo: eso y muchísimo más. Debería pensar con tal rapidez que una cuidadosa reflexión verbal fuera totalmente incapaz de ir al mismo ritmo que una milésima parte de una computación. Y, modificada por el punto de vista y los datos adquiridos en su educación, debería tener *siempre* razón, sus respuestas *jamás* deberían ser equivocadas.

Ese es, en potencia, el cerebro que tienes. Es el cerebro que se te puede restaurar a menos que te hayan quitado alguna parte del mismo. Si no hace estas cosas, está ligeramente desajustado.

Llevó mucho tiempo llegar a la información de que este era un cerebro óptimo. Al principio, no se cayó en la cuenta de que algunas personas tenían, por ejemplo, recuerdo de visión cromática (en movimiento), y otras no. Yo no tenía idea de que muchas personas imaginaban, sabiendo que estaban imaginando, con audio-timbre, etc., y habrían recibido con sorpresa los datos de que alguien podía oler y saborear el pavo del último día de Acción de Gracias cuando lo recordaba.

En 1938, cuando las investigaciones que culminaron en Dianética (del griego *dia:* a través, y *nous:* mente o alma)

"Ese es el cerebro óptimo: eso y muchísimo más.
Debería pensar con tal rapidez que una cuidadosa
reflexión verbal fuera totalmente incapaz de ir al mismo
ritmo que una milésima parte de una computación.
Y, modificada por el punto de vista y los datos adquiridos
en su educación, debería tener siempre razón, sus
respuestas jamás deberían ser equivocadas".

se iniciaron en serio, no se tenía una opinión tan elevada del cerebro humano. De hecho, el proyecto no se inició para encontrar la función del cerebro y devolverle su funcionamiento óptimo, sino para saber la clave del comportamiento humano y la ley cifrada que sistematizaría todo el conocimiento.

El derecho que tuve para penetrar en este campo fue tener una mente inquisitiva formada en las matemáticas y la ingeniería, y con un banco de memoria lleno de preguntas y extensas observaciones.

El argumento básico era que la mente humana era un problema de ingeniería y que todo conocimiento se rendiría ante los métodos de la ingeniería.

Y se planteó otra suposición básica:

Todas las respuestas son básicamente sencillas.

Tal y como se encuentra hoy, la ciencia de Dianética con sus resultados (que son tan demostrables como lo es la proposición de que el punto de ebullición del agua es de 100 °C a una presión de 1.033 gramos por centímetro cuadrado) es una ciencia de ingeniería, construida heurísticamente sobre axiomas. Funciona. Esa es la única afirmación acerca de Dianética o de la química. Pueden no ser Verdad. Pero funcionan y funcionan invariablemente en el mundo finito.

Cuando el problema se había barajado, al principio, y cuando se habían enunciado preguntas a formular sobre el Universo en general, no se tenía ningún concepto del cerebro óptimo. La atención estaba fija en el cerebro *normal*. Se consideraba que el cerebro *normal* era el cerebro óptimo. Cuando finalmente se llegó a trabajar en el problema del cerebro en sí, se hicieron intentos por obtener resultados comparables con la mente normal. Las mentes se aberraban. Cuando se las restaurara serían normales.

De hecho, al principio ni siquiera era seguro que las mentes pudieran restaurarse. Todo lo que se necesitaba era una respuesta a la existencia y las razones de que las mentes se aberraran.

A lo largo de una vida de viajar de un lado a otro, se habían observado muchas cosas extrañas: el hechicero de los goldi en Manchuria, los chamanes del norte de Borneo, los hechiceros sioux, las sectas de Los Ángeles y la psicología moderna. Entre las personas a las que se interrogó acerca de la existencia había un mago cuyos ancestros habían servido en la corte de Kublai Kan y un hindú que podía hipnotizar gatos. Se habían efectuado escarceos con el misticismo, se habían estudiado datos desde la mitología hasta el espiritismo. Cosas misceláneas como estas, *innumerables cosas misceláneas.*

CAPÍTULO DOS

LA CONSTRUCCIÓN DE UNA CIENCIA DE LA MENTE

LA CONSTRUCCIÓN DE UNA CIENCIA DE LA MENTE

SI ESTUVIERAS CONSTRUYENDO esta ciencia, ¿por dónde habrías empezado? Aquí estaban, como recursos, todos los diversos cultos, credos y prácticas de todo un mundo. Había tal cantidad de hechos que 10^{21} dígitos binarios parecen pocos. Si se te pidiera que construyeras una ciencia así y que presentaras una respuesta funcional, ¿qué suposiciones habrías hecho? ¿Adónde habrías ido a hacer tus observaciones? ¿O qué habrías computado?

Todo y todos parecían tener un fragmento de la respuesta. Los cultos de todas las épocas, del mundo entero, parecen contener, cada uno, un fragmento de la verdad. ¿Cómo reunimos y ensamblamos los fragmentos? ¿O abandonamos esta tarea casi imposible y empezamos a postular nuestras propias respuestas?

Bien, esta es la historia de cómo se construyó Dianética. Así fue, al menos, como se abordó el problema. Dianética funciona, que es lo que exige un ingeniero; y funciona todo el tiempo, que es lo que la naturaleza le exige al ingeniero.

Primero, se hicieron intentos por descubrir qué escuela o sistema era funcional. Freud funcionaba en ocasiones. También la acupuntura china. También los cristales mágicos curativos de Australia y los santuarios milagrosos en América del Sur. Las curaciones por la fe, el vudú, la narcosíntesis… y que quede entendido ahora mismo que no es necesario aplicar ninguna jerigonza mística. Un ingeniero necesita cosas que pueda medir. Más adelante se usa la palabra "demonio". Eso se debe a lo bien que Sócrates describió a uno. Su uso en Dianética, como hizo Clerk Maxwell, es como jerga descriptiva. Pero no queríamos ninguna conjetura ni opinión disparatada que no se pudiera medir. Cuando un ingeniero sólo usa estas, los puentes se rompen, los edificios se derrumban, las dínamos se paran y la civilización se viene abajo.

Una necesidad básica, para llegar a un "Principio Dinámico de la Existencia", era descubrir lo que deseábamos saber sobre la existencia. No es necesario tener escarceos durante mucho tiempo con los dioses para saber que ellos conducen invariable, aunque divinamente, a un callejón sin salida. Y un estudio del misticismo basado en la ingeniería demuestra que el misticismo abarca principalmente aquello que no se puede esperar expresar con precisión.

La primera proposición se formuló más o menos así:

Averigüemos lo que no podemos considerar o no necesitamos considerar para obtener una respuesta que podamos utilizar.

Algunas pruebas parecían demostrar que la identidad exacta del Primer Motor Inmóvil no era necesaria para la computación. El hombre ha estado convencido durante mucho tiempo de que Él comenzó este asunto, así que no se podría ganar gran cosa siendo polémicos al respecto. Abordemos, pues, un nivel que esté justo por debajo del Primer Motor Inmóvil.

Veamos ahora qué más entra en la clase de datos innecesarios para la computación. Bueno, hemos estudiado la telepatía, los demonios, el truco de la cuerda hindú y el alma humana y aún no hemos encontrado ninguna constante en esta clase de datos. Así que tracemos una raya por debajo de eso como nuestro nivel más alto de información necesaria, y ahora llamémosla nuestra línea superior.

¿Qué es lo que nos queda? Nos queda el mundo finito, trajes de sarga azul, el Valle de Salinas, la Catedral de Reims como edificio y varios imperios desintegrados y carne asada para cenar. Nos queda únicamente lo que podemos percibir sin ningún nivel superior de abstracción.

Ahora, ¿cómo percibimos y sobre qué y con qué? A partir de aquí, se invierte mucho tiempo (1937) en hacer un cómputo completo del cerebro como calculadora electrónica con los cálculos matemáticos probables de su funcionamiento, más la imposibilidad de que una estructura así fuera capaz de hacer tales cosas. Eliminemos, pues, la necesidad de conocer la estructura y usemos esto sólo como una analogía que podría llegar a ser una variable en la ecuación si fuera necesario.

¿Qué tenemos ahora? Bueno, hemos sido un tanto duros con los demonios y el alma humana. Estos son populares, pero se niegan a manifestarse para someterse a una inspección a fondo o a una medición con calibrador y si ellos no cooperan en esto, nosotros tampoco. Y así resultan dos cosas de esta reducción de factores de la ecuación necesarios para la solución. Primero: es probable que la existencia sea finita; y segundo: los factores finitos satisficieron, por sí mismos, las condiciones del problema.

Puede que probablemente seamos aquí muy ininteligibles y matemáticos, pero no importa. Un buen principio heurístico funcional, uno *funcional,* vale más que una infinidad de fórmulas basadas en la Autoridad y opiniones que *no* funcionan.

Lo único que podemos hacer es poner a prueba el principio. Necesitamos un *Principio Dinámico de la Existencia.* Buscamos en la obra de Spencer y encontramos algo que parece tener mucho sentido. Tenía sentido cuando lo tomó de escritos de la India, del mismo lugar del que lo sacó Lucrecio. Pero sólo aparenta ser dinámico, porque no acaba de cuadrar. Necesitamos un principio *dinámico,* no una descripción.

Pero, ¿qué significa un principio en un ámbito así de vasto? ¿Y no necesitaría una definición mejor? Llamémoslo, entonces, el *"mínimo denominador común* Dinámico de la Existencia".

¿Nos conducirá ese mínimo denominador común directamente hacia arriba por encima del nivel más alto que hemos fijado y nos pondrá a dar vueltas con un manojo de variables y ninguna respuesta? Más vale que no. Planteemos, pues, algunas preguntas más y veamos si clarifican el principio.

¿Qué podemos saber? ¿Podemos saber de dónde vino la vida? No por el momento. ¿Podemos saber hacia dónde va la vida? Bueno, eso sería interesante, pero pocos de nosotros viviremos para verlo. Entonces, ¿qué podemos saber? Quién, cuándo, por qué, dónde, qué… ¡QUÉ! Podemos saber QUÉ está haciendo la vida.

Postulemos ahora que la vida comenzó en alguna parte y va a alguna parte. Saber de *dónde* vino podría resolver muchos problemas, pero parece innecesario saber eso por el momento para este problema. Y algún día tal vez pueda saberse también *hacia dónde* va; pero tampoco necesitamos saber eso. Así que ahora tenemos algo para la ecuación que se mantendrá en lo que se refiere a constantes. ¿QUÉ está haciendo la vida conforme avanza?

La vida es energía de alguna clase. El propósito parece incluir la energía. Estamos siendo heurísticos. No hacen falta discusiones, pues lo único que queremos es algo con un alto grado de funcionalidad: eso es lo único que necesita cualquier científico. Si esto no funciona, entonces inventaremos algo más y postularemos una y otra vez hasta que algo sí funcione.

¿Qué está haciendo la energía? Está sobreviviendo; cambiando de forma, pero sobreviviendo.

¿Qué está haciendo la vida? Está sobreviviendo.

Ahora, quizás esté haciendo muchísimo más, pero vamos a ver qué tal nos va con esto. ¿Cuál es el mínimo denominador común de toda la existencia que hemos encontrado hasta ahora?

¡SOBREVIVE!

La única prueba para un organismo es la supervivencia.

Eso se puede computar.

Incluso podemos llegar tan lejos como para darle colorido y decir que hubo un comienzo de la línea temporal, y que en ese comienzo de la línea temporal Alguien dijo: ¡SOBREVIVE! Él no dijo por qué, y Él no dijo hasta cuándo. Todo lo que Él dijo fue: ¡SOBREVIVE!

Bueno, esto es sencillo y tiene sentido. Tiene sentido en la regla de cálculo y tiene sentido con muchas actividades, y parece bastante bueno… Veamos.

El cerebro era una computadora directora que evolucionó bajo los mismos principios y el mismo plan que las células y mediante células, y que está compuesto de células. El cerebro resolvía problemas relacionados con la supervivencia, se hacía preguntas sobre la supervivencia y actuaba conforme a su propio plan para la supervivencia, concebido lo mejor posible pero basado en su punto de vista personal.

Si alguien decaía hacia la no supervivencia, el *dolor* lo aguijoneaba escala arriba hacia la supervivencia. Era atraído adelante, por medio del *placer,* hacia la supervivencia. Había una escala graduada con un extremo en la muerte y el otro en la inmortalidad. El cerebro pensaba mediante *diferencias, semejanzas* e *identidades* y todos sus problemas se resolvían por este camino y todos estos problemas y todas estas actividades estaban motivados estricta y únicamente por la supervivencia.

El dato de mando básico con que funcionaban el cuerpo y el cerebro era: ¡SOBREVIVE! Eso era todo. Nada caía fuera de esto. Se estableció este postulado para ver si funcionaba. Eso fue en 1938 tras varios años de estudio.

Los axiomas comenzaron con ¡SOBREVIVE!

¡SOBREVIVE! era el mínimo denominador común de toda la existencia. Siguieron los axiomas referentes a qué estaba haciendo el Hombre y cómo lo estaba haciendo. Se fueron incorporando buenas definiciones de inteligencia, impulso, felicidad, bien, mal, y demás. El suicidio, la risa, la ebriedad y las insensateces también entraban aquí, de acuerdo a lo computado.

Estas computaciones resistieron las pruebas de varios años. Y luego, como puedes haber oído, vino una guerra. Pero hasta las guerras terminan. Se reanudó la investigación, pero ahora con la necesidad adicional de aplicar el conocimiento adquirido a los problemas de amigos que no habían sobrevivido muy bien a la guerra.

Un investigador sale hasta el borde de lo desconocido sólo hasta cierta distancia y ahí se agotan las guías. En las bibliotecas había miles y miles de casos de desórdenes mentales cuidadosamente registrados. *Y ni un solo caso contenía los datos esenciales para su solución.* Para lo que valían, estos casos podrían igualmente haber sido escritos con tinta invisible. Aparte de demostrar de manera concluyente que la gente manifestaba extrañas aberraciones mentales, carecían de valor. ¿Cómo abordas la construcción de una ciencia del pensamiento si no se te permite observar y careces de datos observados?

De entre una multitud de observaciones personales, en este y en países lejanos, la primera tarea fue encontrar una constante. Yo había estudiado hipnotismo en Asia. Sabía que el hipnotismo era, más o menos, una parte esencial. Cuando los chamanes, hechiceros, exorcistas e incluso los psicólogos modernos se ponen a trabajar, se inclinan por prácticas que son hipnóticas.

¿Pero de qué sirve una variable tan terrible e impredecible como el hipnotismo? En algunas personas funciona. En la mayoría, no. En aquellas en las que funciona, a veces se obtienen buenos resultados, a veces malos. Asunto impredecible, el hipnotismo.

Sin embargo, el científico físico está familiarizado con el uso de una "variable incontrolable". Las cosas que son tan irregulares ocultan generalmente leyes verdaderas e importantes. El hipnotismo era una especie de hilo constante presente en todos los cultos (o prácticas hipnóticas), pero tal vez al menos se podría inspeccionar.

Así pues, se examinó el hipnotismo. Un radical impredecible. La razón de que fuera impredecible podría ser una buena respuesta. La primera investigación al respecto fue bastante breve. No fue necesario que se prolongara más.

Examina una sugestión posthipnótica. El paciente está en trance amnésico. Dile que cuando despierte se quitará el zapato izquierdo y lo pondrá sobre la repisa de la chimenea. Luego dile que olvidará lo que se le dijo y despiértalo. Él despierta, parpadea un poco y entonces levanta el pie y se quita el zapato. Pregúntale por qué lo hace. "Tengo demasiado calor en el pie". Pone el zapato sobre la repisa de la chimenea. ¿Por qué? "Detesto ponerme un zapato húmedo. Aquí arriba hace más calor y se secará".

Ten esto presente, este experimento. La razón plena de su importancia no se manifestó durante nueve años. Pero se reconoció que, con diversas sugestiones, se podía crear algo parecido a las diversas neurosis, psicosis, compulsiones y represiones enumeradas por los psiquiatras. El examen se paró rápidamente. Uno aún tenía muy pocas respuestas. Pero estaba claro que *el hipnotismo y la demencia eran, en cierta forma, identidades.*

Se inició una búsqueda de la *razón.*

"… estaba claro que el hipnotismo y la demencia
eran, en cierta forma, identidades".

CAPÍTULO TRES

LOS DEMONIOS
DE LA MENTE

LOS DEMONIOS DE LA MENTE

DURANTE MUCHO TIEMPO Y con muchísima gente, se hicieron intentos de resolver el enigma. ¿Qué causaba el hipnotismo? ¿Qué hacía? ¿Por qué se comportaba de forma impredecible?

Se examinó el hipnoanálisis. Suena bien en los textos, pero no funciona. No funciona por varias razones, y la primera de todas es que no a todo el mundo se le puede hipnotizar. Además, sólo funciona ocasionalmente, aun cuando se pueda hipnotizar a la persona. Así que el hipnoanálisis fue enterrado (junto con la curación con agua en Bedlam, la lobotomía prefrontal y las técnicas de extracción de demonios usadas por los chamanes de la Guayana Británica) y se continuó la búsqueda de la clave que pudiera restaurar la normalidad de la mente.

Pero el hipnotismo no terminaba de morir. La narcosíntesis parecía una buena pista, hasta que se descubrieron algunos casos que habían sido "curados" con narcosíntesis. Se trabajó de nuevo en los casos con la técnica sólo para ver qué había sucedido. La narcosíntesis a veces parecía arreglar a un hombre, de manera que su neurosis de guerra pudiera alcanzar alturas aún mayores en alguna fecha futura.

No, eso no es del todo justo. Producía resultados algo mejores a los de un cristal mágico curativo en manos de un hechicero australiano. Parecía hacer algo más de lo que se suponía que debía hacer y ese algo más era malo. Aquí había otra variable incontrolable, una pieza del rompecabezas de la causa de la demencia. Sabíamos QUÉ estaba haciendo el Hombre. Estaba sobreviviendo. De algún modo, en alguna forma, en ocasiones se volvía irracional. ¿Dónde encajaba en esto el hipnotismo? ¿Por qué a veces el hipnotismo inducido por drogas afectaba a la gente tan adversamente?

Estas personas con las que uno se encontraba y trabajaba parecían estar atrapadas de alguna manera por algo que los métodos modernos casi nunca tocaban. ¿Y por qué se levantaban naciones enteras para masacrar a otras naciones? ¿Y por qué los fanáticos religiosos llevaron un estandarte y una media luna a través de tres cuartas partes de Europa? La gente se conducía como si hubiera sido maldecida por algo. ¿Era básicamente mala? ¿Era la formación social sólo un delgado barniz? ¿Era el perverso maleficio una herencia natural del reino animal de garra y colmillo? ¿Fue el cerebro *alguna vez* capaz de racionalidad? El hipnotismo y la narcosíntesis, radicales impredecibles, se negaron a proporcionar respuestas durante algún tiempo.

Fuera de órbita otra vez y sin instrumentos con que trabajar, fue necesario volver a las técnicas del chamán kayán de Borneo, entre otras. Su teoría es burda; exorcizan demonios. Muy bien. Postulamos que el Hombre es malvado; que el mal es innato. Entonces deberíamos poder aumentar el barniz civilizado implantando en él más civilización con el uso del hipnotismo. Así, el paciente generalmente empeora. Ese postulado no funcionó.

Provisionalmente, probemos el postulado de que el Hombre es bueno y sigamos sus conclusiones. Y supongamos que algo como el *Toh* del chamán de Borneo ha penetrado en él ordenándole hacer cosas malvadas. Ha sido mayor el tiempo durante el que el Hombre ha creído que los demonios habitan en los hombres que el tiempo durante el que ha creído que no lo hacen. Suponemos que hay demonios. Los buscamos de una manera u otra. *¡Y encontramos algunos!*

Este fue un descubrimiento casi tan disparatado como algunos de los pacientes que teníamos a mano. Pero lo que había que hacer era tratar de medir y clasificar a los demonios.

¡Extraño trabajo para un ingeniero y matemático! Pero se encontró que los demonios se podían clasificar. Había varios demonios en cada paciente, pero sólo existían unas cuantas clases de demonios. Había demonios de audio, demonios de subaudio, demonios de visión, demonios interiores, demonios exteriores, demonios mandones, demonios dirigentes, demonios criticones, demonios apáticos, demonios enojados, demonios aburridos y demonios "cortina" que tan sólo ocluían cosas. Estos últimos parecían ser los más comunes. Al investigar el interior de varias mentes pronto se estableció que era difícil encontrar a alguien que no tuviera alguno de estos demonios.

Era necesario establecer un cerebro óptimo. Ese cerebro se postularía, sujeto a cambios. Sería la combinación de las mejores cualidades de todos los cerebros estudiados. Sería capaz de visualizar en color y de escuchar con todos los timbres y sonidos presentes, todas las memorias necesarias para el pensamiento. Pensaría sin hablarse a sí mismo, pensando en conceptos y conclusiones más que en palabras.

Sería capaz de imaginar visualmente en color cualquier cosa que quisiera imaginar y escuchar cualquier cosa que deseara imaginar que oía. Finalmente se descubrió que también podría imaginar olores y percepciones táctiles, pero esto no formó parte del original. Finalmente, sabría cuándo estaba recordando y cuándo estaba imaginando.

Ahora bien, para los fines de la analogía, fue necesario retroceder a la idea de la computadora electrónica concebida en 1938. Se trazaron circuitos para el recuerdo de visión y audio, para el recuerdo de color y timbre, para la creación de imaginación con visión y audio y la creación con color y timbre. Entonces se trazaron los circuitos del banco de memoria. Todo esto fue bastante fácil en ese momento, pues se había realizado un trabajo bastante extenso sobre el asunto en la década de los treinta.

Con este diagrama, se establecieron otros circuitos. El cerebro óptimo era un circuito simple. A este se le agregaron los "circuitos demonio". Se encontró que mediante la electrónica común y corriente se podían instalar todas las clases de demonios que se habían observado.

Como ninguno de los demonios accedía a presentarse como tal para un examen adecuado, se concluyó que estaban instalados en el cerebro de la misma manera en que uno instalaría un nuevo circuito en el cerebro óptimo. Pero como la cantidad de cerebro era limitada, era obvio que estos demonios electrónicos estaban usando partes del cerebro óptimo y que no eran más competentes de lo que lo era inherentemente el cerebro óptimo. Esto era postular más. Lo único que se quería era un buen resultado. Si esto no hubiera funcionado, se habría intentado otra cosa.

"Se encontró que mediante la electrónica común
y corriente se podían instalar todas las clases
de demonios que se habían observado".

Así fue como se dieron los primeros pasos hacia la solución. Aunque el cerebro humano es un instrumento ligeramente demasiado maravilloso como para clasificarlo junto a algo tan tosco como la electrónica contemporánea, por maravillosa que sea la electrónica moderna, la analogía sigue en pie. Sigue en pie como analogía. Toda la ciencia tendría una coherencia brillante ahora sin esa analogía. Pero aquí nos es útil.

No hay demonios. Ni fantasmas, ni demonios necrófagos ni *Tohs*. Pero sí existen circuitos aberrativos. Así se razonó. Era un postulado. Y luego se convirtió en *algo más*.

LA PERSONALIDAD BÁSICA

LA PERSONALIDAD BÁSICA

UN DÍA UN PACIENTE SE DURMIÓ. Cuando despertó se descubrió que era "otra persona". Siendo "otra persona" se le interrogó con mucho cuidado. Este paciente, como "él mismo", tenía un bloqueo de memoria sónica, un bloqueo de memoria de audio y era daltónico. Por lo general, era muy nervioso. Despierto ahora como "otra persona" estaba tranquilo. Hablaba en un tono de voz más bajo. Aquí, obviamente, nos enfrentábamos a uno de esos enredos electrónicos que los eruditos llaman esquizofrénico. Pero no era así. Esta era la *personalidad básica* del propio paciente, ¡en posesión de un cerebro óptimo!

Muy pronto se determinó que tenía recuerdo de visión cromática de cualquier cosa, recuerdo de audio-timbre, imaginación con audio-timbre y visión cromática y un control coordinador completo. Sabía cuándo estaba imaginando y cuándo estaba recordando y eso también era algo que no había sido capaz de hacer antes.

Él quería saber algo. Quería saber cuándo le iba a ayudar el hipnotizador a estar bien del todo. Tenía muchas cosas que hacer. Quería ayudar a su mujer para que ella no tuviera que mantener a la familia. ¡Qué distinto del paciente de una hora antes!

Con gusto hizo algunas computaciones mentales con exactitud y claridad y luego se le permitió irse a dormir. Despertó sin recordar nada de lo que había sucedido. Tenía sus viejos síntomas. No había nada que pudiera deshacerse de esos bloqueos electrónicos. Ni siquiera sabía si había almorzado, ni el color de mi bufanda; y en cuanto a su mujer, eso era lo que se merecía por ser una condenada mujer.

Esta fue una primera presentación de la personalidad básica. Estaba muy lejos de ser la última. Se encontró que era posible contactar un funcionamiento óptimo del cerebro en cierta cantidad de personas.

¡Y las personalidades básicas con las que se hizo contacto eran invariablemente fuertes, robustas y constructivamente buenas! Eran las mismas personalidades que tenían los pacientes en su estado normal menos ciertos poderes mentales, más demonios electrónicos y más infelicidad general. Encontré que un "delincuente empedernido" con una obvia "mente criminal" era, en su personalidad básica, un ser sincero, inteligente, con ambición y sentido de la cooperación.

Esto era increíble. Si este era el cerebro básico, entonces el cerebro básico era bueno. Entonces el Hombre era básicamente bueno. ¡La naturaleza social era inherente! Si este era el cerebro básico…

Lo era. Eso es un *Clear.* Pero nos estamos adelantando al relato.

Las personas eran uniformemente desdichadas estando aberradas. La paciente más desdichada de la lista tenía una aberración que le hacía aparentar "felicidad"; y el *aberrado** más nervioso que se pudiera encontrar alguna vez, tenía una

---

*Aberrado es un término de Dianética que significa persona aberrada.

aberración dominante en cuanto a estar siempre "tranquilo". Ella decía que era feliz y se esforzaba en creerlo y en que los demás lo creyeran. Él decía que estaba tranquilo. De inmediato le daba un ataque de nervios si se le decía que no estaba tranquilo.

Tentativa y cautelosamente, se llegó a la conclusión de que el cerebro óptimo es el cerebro no aberrado, que el cerebro óptimo es también la personalidad básica, que la personalidad básica era buena, salvo que estuviera dañada orgánicamente. Si el Hombre era básicamente bueno, entonces sólo un "maleficio" podía volverlo malvado.

¿Cuál era el origen de este maleficio?

¿Admitíamos las supersticiones y los demonios como realidades y suponíamos que la fuente era algo extraño y asombroso como el ectoplasma? ¿O nos apartábamos de muchas creencias vigentes y nos volvíamos un poco más científicos?

La fuente, pues, debe de ser el mundo exterior. Una personalidad básica, tan ansiosa de ser fuerte, probablemente no se aberraría a sí misma sin la intervención de algún diablo personal interno muy poderoso. Pero habiendo tirado los diablos y las "cosas que hacen bu por la noche" al montón de lo inservible, ¿qué nos quedaba? Estaba el mundo exterior y nada más que el mundo exterior.

Estupendo. Veremos si esto vuelve a funcionar. De alguna manera el mundo exterior se vuelve interior. El individuo queda a merced de algunos factores desconocidos que instalan circuitos en contra de su consentimiento, el individuo se aberra y es menos capaz de sobrevivir.

La siguiente búsqueda se hizo para encontrar el factor desconocido. La senda tenía bastante buen aspecto, hasta ahora, pero la idea era formular una ciencia del pensamiento.

Y una ciencia, al menos para un ingeniero, es algo bastante preciso. Tiene que construirse sobre axiomas para los que haya poquísimas excepciones, de haberlas. Tiene que producir resultados predecibles de manera uniforme y *en cada ocasión*.

Quizás las ciencias de la ingeniería sean así porque el ingeniero se enfrenta a obstáculos naturales; y la materia tiene una manera un tanto inconveniente de negarse a pasar inadvertida porque alguien tenga una opinión. Si un ingeniero opina que los trenes pueden correr por el aire, y por ello omite la construcción de un puente sobre el río, la gravedad asumirá el control y echará un tren a un río.

Así que si queremos tener una ciencia del pensamiento, va a ser necesario tener axiomas funcionales que, aplicados con técnicas, produzcan resultados uniformes en todos los casos y que los produzcan invariablemente.

Según se mencionó antes, ya se había hecho, o se hizo en el curso del trabajo, una gran clasificación de los problemas. Esto fue necesario para examinar el problema propiamente dicho, que era el Hombre en el Universo.

Primero separamos aquello acerca de lo que probablemente podíamos pensar y debíamos pensar, de aquello acerca de lo que probablemente no era necesario que pensáramos, para los fines de nuestra solución. Luego teníamos que pensar en todos los hombres. Luego en unos cuantos hombres. Finalmente en el individuo y, por último, en una parte de la pauta aberrativa de un individuo.

¿Cómo se transformó el mundo exterior en una aberración interior?

Hubo muchas salidas en falso y callejones sin salida, tal como los había habido para determinar lo que sería un cerebro óptimo. Todavía había tantas variables y combinaciones erróneas posibles en la computación, que parecía algo sacado de Kant. Pero con los resultados no se puede discutir. No hay sustitutivo para un puente que sea lo bastante resistente como para soportar un tren.

Por la pequeña posibilidad de que pudieran tener razón, probé varias escuelas de psicología: Jung, Adler. Incluso a Freud. Pero esto no lo hice muy seriamente, porque más de la mitad de los pacientes en las listas habían recibido tratamientos de psicoanálisis muy extensos, de manos de expertos, sin grandes resultados. Se revisó el trabajo de Pavlov por si había algo ahí. Pero los hombres no son perros. Mirando ahora retrospectivamente el trabajo de esa gente, muchas de las cosas que hicieron tenían sentido. Pero al leer su trabajo y usarlo cuando uno *no* sabía, no tenían sentido; de lo que se puede concluir que los espejos retrovisores de dos metros de ancho le dicen más al hombre que está conduciendo con sólo una mirilla adelante, que lo que sabía al acercarse a un objeto.

Entonces surgió una doctrina más de la multitud de doctrinas que se tuvieron que originar para resolver este trabajo:

La Selección de Importancias.

Uno observa un mar de hechos. Cada gota en el mar es igual a todas las demás. Algunas de las gotas tienen una importancia enorme. ¿Cómo encontrar una de ellas? ¿Cómo saber cuándo es importante? Gran parte del arte anterior en el campo de la mente (y en lo que a mí respecta, todo él) es así. Diez mil hechos, todos y cada uno de ellos con la misma importancia unitaria aparente. Ahora, selecciona el correcto sin errores. Claro, cuando se encuentra por otros medios el hecho correcto,

"La Selección de Importancias. Uno observa un mar de hechos. Cada gota en el mar es igual a todas las demás. Algunas de las gotas tienen una importancia enorme. ¿Cómo encontrar una de ellas? ¿Cómo saber cuándo es importante?".

es muy sencillo revisarlos, escoger el adecuado y decir: "¿Ves? Ahí estuvo siempre. El viejo Quiensea bien sabía lo que estaba haciendo". ¡Pero inténtalo antes de saber! Es seguro que el viejo Quiensea no lo sabía, pues le habría puesto una etiqueta roja al hecho y habría tirado el resto a la basura.

Así, con esta nueva Doctrina de la Selección de Importancias, se descartaron todos los datos que yo no hubiera probado o descubierto personalmente. Me había metido en tantos callejones sin salida debido a la observación inexacta y al trabajo descuidado de los precursores en este asunto, que ya era hora de decidir que era mucho más fácil construir toda una premisa nueva que buscar una aguja en un pajar. Cuando llegamos a esto, el asunto cambió de una manera desesperante. Nada estaba funcionando. Descubrí que inadvertidamente me había imbuido de un montón de errores anteriores que estaban obstaculizando el proyecto. Había, literalmente, centenares de estos "bueno, todo el mundo sabe que _____", que no tenían más base en la experimentación ni en la observación de la que tenía un oráculo romano.

Así que se llegó a la conclusión de que el mundo exterior se volvió interior mediante un proceso completamente desconocido e insospechado. Estaba la memoria. ¿Cuánto sabíamos de la memoria? ¿Cuántas clases de memoria podría haber? ¿Con cuántos bancos funcionaba el sistema nervioso? El problema no era *dónde* estaban. Ese era un problema aparte. El problema era saber *qué* eran.

Tracé algunos esquemas elaborados, los deseché y tracé algunos más. Tracé un banco genético, un banco mímico, un banco social, un banco científico. Pero todos estaban mal. No podían localizarse en el cerebro como tales.

Entonces vino un pensamiento terrible. Estaba esta Doctrina de la Selección de Importancias. Pero había otra doctrina anterior:

La Introducción de un Factor Arbitrario.

Introduce un factor arbitrario y, si no es más que un factor arbitrario, toda la computación se viene abajo. ¿Qué estaba haciendo yo que había introducido un factor arbitrario? ¿Había aún otro de los "bueno, todo el mundo sabe que _____" en esta computación?

Es difícil lograr que nuestro intelecto deseche cosas que han sido aceptadas sin dudar desde la primera infancia; es difícil sospechar de esas cosas. Otro mar de hechos. Y estos, en el banco de memoria de la computadora que trata de encontrarlos.

Había un factor arbitrario. Quién lo introdujo, no lo sé. Pero probablemente fue más o menos el tercer chamán que ejerció poco después de que la tercera generación de hombres parlantes empezara a hablar.

Mente *y* cuerpo.

Aquí está la simpática trampa oculta. Échale un buen vistazo. Mente Y cuerpo. Esta es una de esas cosas como un fantasma. Alguien dijo que habían visto uno. No recuerdan quién era ni dónde, pero están *seguros…*

¿Quién dijo que estaban separados? ¿Dónde están las pruebas? Todos los que hayan medido una mente sin que estuviera presente el cuerpo, por favor levanten ambas manos. Ah, sí, seguro. En los libros. Te estoy hablando a ti, pero no estoy ahí en la habitación contigo en este momento. Así que naturalmente la mente está separada del cuerpo. Sólo que no es así. El cuerpo de un hombre puede dejar huellas de pisadas.

Son productos del cuerpo. Los productos de la mente también se pueden ver cuando el cuerpo no está ahí, pero estos son *productos de* y el producto del objeto no es el objeto en sí.

Así pues, considerémoslos como una unidad. El cuerpo, pues, recuerda. Puede coordinar sus actividades en un mecanismo llamado cerebro, pero el hecho es que el cerebro también forma parte del sistema nervioso y el sistema nervioso se extiende por todo el cuerpo. Si no lo crees date un pellizco. Después espera diez minutos y regresa al momento en que te diste el pellizco. Vuelve atrás en el tiempo. Haz como que estás ahí de vuelta completamente. Sentirás el pellizco; eso es la memoria.

Muy bien. Si el cuerpo recuerda y si la mente y el cuerpo no son necesariamente dos cosas separadas, entonces, ¿qué memorias serían las más fuertes? Bueno, las memorias que contienen dolor físico, por supuesto. Y luego, ¿qué memorias serían las más fuertes? Las que contuvieran mayor cantidad de dolor físico. ¡Pero estas no se pueden recordar!

Quizá sea el postulado erróneo, quizá la gente esté formada por cincuenta piezas y no por una; pero a ver qué tal nos va con esto.

Así que pellizqué a algunos pacientes y les hice hacer como que habían retrocedido al momento del pellizco. Y les volvió a doler. Y un joven, que se preocupaba muchísimo por la ciencia y no tanto por su ser físico, se prestó voluntario para un buen y fuerte golpe que lo noqueara. Y lo llevé de vuelta al golpe y lo recordó.

Entonces surgió la idea de que quizás la gente recordara sus operaciones quirúrgicas. Así que se inventó una técnica y cuando me quise dar cuenta tenía una memoria de una operación dental con óxido nitroso totalmente accesible al recuerdo, con dolor y todo.

Mucha experimentación y observación reveló el hecho de que no existían momentos de "inconsciencia". Y ese era otro concepto erróneo que había detenido el progreso del Hombre.

"Inconsciencia".

Algún día esa palabra habrá desaparecido o tendrá un nuevo significado, ya que por ahora no significa realmente nada. La *mente inconsciente* es la mente que está *siempre consciente*.

Así que no hay ninguna "mente inconsciente". Y no hay ninguna "inconsciencia". Esto hizo que la psicología moderna pareciera Tarawa tras el desembarco de los Marines. Porque esto es tan fácil de demostrar como la afirmación de que en condiciones normales, cuando se tiene una manzana a un metro del suelo y se suelta, cae.

Era necesario, pues, trazar de nuevo todos los diagramas del circuito y elaborar una terminología que no fuera tan errónea como "inconsciencia" y "mente inconsciente".

Con fines prácticos, en vista de que antes me había metido en dificultades debido al uso de palabras con significados convencionales, transformé algunos adjetivos en sustantivos, revolví algunas sílabas y traté de alejarme todo lo posible del foco de infección: la Autoridad. Usando términos antiguos, uno interpone al comunicar la necesidad de dar explicaciones sobre un significado viejo antes de poder explicar el significado nuevo. Toda una cadena de pensamiento puede atascarse por completo al tratar de explicar que, "aunque esta palabra antes significaba bla, ahora significa bla". Por lo general, en las comunicaciones, a uno no se le permite llegar más allá de un esfuerzo por explicar que uno "no quiere decir bla".

Ahora, no tenemos necesidad aquí de adentrarnos en la evolución de los términos de Dianética. El ciclo de la evolución todavía no está completo. Así que usaré aquí términos que se concibieron mucho más tarde. Todavía no son definitivos. Pero sus definiciones no son nimiedades. Las definiciones son tan claras como decir que "las manzanas son manzanas".

Lo importante es lo que estamos definiendo. Había varios principios heurísticos, sobre los que se basó el trabajo inicial, que se daban por "entendidos". Uno de ellos era que la mente humana era capaz de resolver algunos de los enigmas de la existencia.

En esta etapa de la evolución de Dianética (después de que se pusiera a la "inconsciencia" en evidencia sacándola de la categoría de información del tipo de "bueno, todo el mundo sabe que _____" y que se le pusiera la etiqueta de lo que realmente era: un error) hubo necesidad de revisar algunos de los postulados que dábamos por "entendidos" de 1938.

Y uno de esos postulados de "todo el mundo sabe" era que la mente humana no es capaz de comprender los mecanismos de funcionamiento de la mente humana.

Y "todo el mundo sabía" que la mente humana era propensa a errar, que era tonta y que podía aberrarse fácilmente por cosas tan simples como que "como papá quería a mamá, también Juanito quería querer a mamá".

Y "todo el mundo sabía" que los mecanismos de funcionamiento de la mente humana eran muy complejos; tan enrevesados que era imposible encontrar una solución completa y directa al problema. Que en realidad la mente humana era un artefacto de Rube Goldberg construido con un montón de trozos de emoción y experiencia de formas raras, enormemente inestable y en precario equilibrio, que podía derrumbarse en cualquier momento.

"Y 'todo el mundo sabía' que los mecanismos de funcionamiento de la mente humana eran muy complejos; tan enrevesados que era imposible encontrar una solución completa y directa al problema. Que en realidad la mente humana era un artefacto de Rube Goldberg construido con un montón de trozos de emoción y experiencia de formas raras, enormemente inestable y en precario equilibrio, que podía derrumbarse en cualquier momento".

Desde el punto de vista de la ingeniería, eso parece un poco extraño. Dos mil millones de años de evolución, mil millones de modelos de prueba sucesivos tenderían a producir un mecanismo bastante perfeccionado y funcional. Después de toda esa experiencia, podría esperarse que la vida animal produjera un mecanismo verdaderamente funcional; y los artefactos de Rube Goldberg son divertidos por carecer absurdamente de funcionalidad. De alguna manera no parece probable que dos mil millones de años de desarrollo a base de ensayo y error pudieran culminar en un mecanismo torpe, complejo y mal equilibrado para la supervivencia... ¡y que este mecanismo construido descuidadamente sea el amo absoluto de todas las demás formas de vida animal!

Era necesario que algunos de estos postulados de "todo el mundo sabe que _____" se revisaran y se sacaran de la computación.

En primer lugar, "todo el mundo sabe" que errar es humano. Y en segundo lugar, "todo el mundo sabe" que somos peones en las peludas zarpas de algún ogro que es y siempre será desconocido.

Pero eso no me parecía ingeniería. Yo había escuchado los tambores vudús en Cap-Haitien y las largas trompas en los templos lamas de las Colinas Occidentales. La gente que golpeaba esos tambores y que tocaba esos cuernos caía presa de las enfermedades, del hambre y del terror. Parecía que ahí teníamos algo que se relacionaba. Cuanto más se acercaba una civilización (o un hombre) a admitir la capacidad que tiene la mente humana para computar (cuanto más se introducía la premisa de que los obstáculos naturales y el caos eran susceptibles a una solución ordenada) mejor le iba al hombre o a la civilización en la tarea de vivir. Y aquí estábamos de vuelta con nuestro postulado original de ¡SOBREVIVE! Ahora, esta computación estaría justificada sólo si funcionaba.

Pero no era una conclusión que no se pudiera justificar. Yo ya tenía experiencia con la personalidad básica. La personalidad básica podía computar como una computadora bien ajustada. Era constructiva. Era racional. Era cuerda.

Y así llegamos al siguiente paso con botas de siete leguas en esta evolución. ¿Qué era la cordura? Era racionalidad. Un hombre estaba cuerdo en la misma proporción en que podía computar con exactitud, limitado únicamente por su información y punto de vista.

¿Qué era el cerebro óptimo? Era un cerebro totalmente racional. ¿Qué necesitaba tener uno para ser enteramente racional? ¿Qué tendría que tener cualquier computadora electrónica? Todos los datos debían estar disponibles para la inspección. Todos los datos que contuviera debían proceder de su propia computación, o debía poder computar y revisar los datos que se le dieran. Toma cualquier calculadora electrónica... No, pensándolo bien, no lo hagas. No es lo bastante inteligente como para estar en el mismo plano que la mente, porque es de un orden de magnitud tremendamente inferior. Muy bien, tomemos la mente en sí, la mente óptima. Compárala con ella misma. ¿En qué momento se hizo el Hombre consciente? No es absolutamente necesario para el problema o para estos resultados el saber con exactitud cuándo o dónde empezó el Hombre a *pensar;* pero comparémoslo con los demás mamíferos. ¿Qué tiene él que no tengan los otros mamíferos? ¿Qué puede hacer él que no puedan hacer ellos? ¿Qué tiene él que ellos tengan?

Lo único que hace falta es la pregunta correcta. ¿Qué tiene él que ellos tengan? Sí tiene algo... y tiene algo más que ellos. ¿Es del mismo orden? Más o menos.

Nunca te has encontrado con un perro que pueda conducir un coche, o con una rata que pueda hacer cálculos aritméticos. Pero hay hombres incapaces de conducir un coche y hombres que no se las arreglarían con la aritmética mucho mejor que una rata. ¿Cómo se apartaban estos hombres de la media?

Parecía ser que el hombre medio tenía una computadora que no sólo era mejor, sino infinitamente más refinada, que el cerebro de cualquier animal. Cuando algo le sucede a esa computadora, el Hombre ya no es *Hombre,* sino un perro o una rata, a efectos de comparación del poder mental.

La computadora del hombre debe de ser bastante buena. Después de todos esos millones de años de evolución, debería serlo. De hecho, debería haberse desarrollado a estas alturas una computadora perfecta, una que no diera respuestas equivocadas porque no podría cometer un error. Ya hemos desarrollado computadoras electrónicas con circuitos incorporados de autorrevisión, que por su propia naturaleza *no pueden* dar una respuesta incorrecta. Estas máquinas se detienen y llaman a un operador si algo va mal y la computadora empieza a dar una respuesta incorrecta. Sabemos cómo hacer una máquina que no sólo haga eso, sino que monte circuitos para encontrar el error y corregir el circuito que esté fallando. Si los hombres ya han encontrado la manera de hacer eso con una máquina...

Hacía mucho tiempo que había abandonado la idea de que este trabajo se pudiera realizar mediante la disección de una neurona. Muertas, ya no hablan. Ahora tenía que desechar la idea de que se pudiera adivinar siquiera el mecanismo estructural del cerebro en esta etapa. Pero trabajando sobre la base heurística de lo que funciona, no es necesario saber *cómo* se lleva a cabo, en cuanto al mecanismo físico, si podemos demostrar que *sí* se lleva a cabo. Era conveniente emplear circuitos electrónicos como elementos análogos (y la analogía de un cerebro electrónico) pues yo conocía los términos de esas cosas. El cerebro puede funcionar o no con corrientes eléctricas; las cosas que pueden medirse dentro de él y en torno a él con un voltímetro son interesantes. Pero la electricidad en sí se mide hoy en día de forma indirecta. La temperatura se mide a través del coeficiente de expansión causado por la temperatura. Los encefalógrafos son útiles para trabajar en torno a un cerebro, pero eso no significa que el cerebro sea tan torpe y tan burdo como un artefacto de válvulas de vacío. Este fue un paso necesario porque, si el problema iba a resolverse, uno tenía que suponer que el cerebro podía remendarse y con algún método que decididamente no era la cirugía.

Así que parecía que estaba trabajando con esto: una computadora que podía funcionar partiendo de datos almacenados en bancos de memoria y estaba diseñada de tal manera que los circuitos de la computadora en sí mismos eran intrínsecamente incapaces de hacer una mala computación. La computadora estaba equipada con aparatos de percepción, los órganos sensoriales, que la capacitaban para comparar sus conclusiones con el mundo exterior y así poder usar los datos del mundo exterior como parte de la comprobación de los circuitos de retroalimentación. Si las respuestas deducidas no concordaban con el mundo exterior observado, como los circuitos computadores eran intrínsecamente incapaces de producir una computación errónea, debían de ser los datos usados en el problema los que estaban mal. Así pues, una computadora perfecta, sin error, puede usar datos del mundo exterior para comprobar la validez y evaluar su propia entrada de datos. Esto *sólo* sería posible si el mecanismo computador fuera intrínsecamente a prueba de errores.

"Así pues, una computadora perfecta, sin error,
puede usar datos del mundo exterior para comprobar
la validez y evaluar su propia entrada de datos".

Pero los hombres ya han diseñado formas mecánicas sencillas para hacer una computadora a prueba de errores; y si el Hombre puede diseñar eso a estas alturas, dos mil millones de años de evolución podrían haberlo hecho y *lo habrían hecho.*

CÓMO FUNCIONA LA MENTE

CAPÍTULO CINCO

CÓMO FUNCIONA LA MENTE

¿**C**ÓMO FUNCIONABA LA MENTE? Bueno, para resolver este problema no necesitábamos saberlo.

El Dr. Shannon comentó, en 1949, que había probado todas las formas que pudo imaginar para computar la información en el banco de memoria del cerebro, y se había visto forzado a llegar a la conclusión de que el cerebro no podía retener más de tres meses de observaciones si lo grababa todo. Y la investigación de Dianética revela que todo se graba y se retiene. Se dice que el Dr. McCulloch de la Universidad de Illinois, al concebir el cerebro electrónico en 1948, calculó que si la construcción del cerebro humano costara un millón de dólares, sus válvulas de vacío tendrían que costar alrededor de un décimo de centavo cada una, y la cantidad de energía que consumiría iluminaría la ciudad de Nueva York y se necesitarían las cataratas del Niágara para refrigerarlo. A estos competentes caballeros, les entregamos los problemas de la *estructura*.

Hasta la fecha, Dianética no ha violado nada de lo que se conoce realmente acerca de la estructura. En realidad, es posible que mediante la aplicación meticulosa de los principios de Dianética, se pueda abordar mejor el problema de la estructura. Pero de golpe, ya nada de esto nos preocupa. Nos ocupamos de la *función* y de la capacidad y el ajuste de esa función con el fin de lograr un funcionamiento óptimo. Y estamos trabajando con una calculadora intrínsecamente *perfecta*.

Estamos trabajando con una calculadora que funciona por completo según el principio de que debe tener razón y debe averiguar el porqué si no la tiene. Su código podría formularse así: "Y me comprometo a tener razón en primer lugar, en último lugar y en todo momento, a no hacer otra cosa más que tener razón y a no estar, bajo ninguna circunstancia, equivocada".

Ahora, esto es lo que esperarías de un órgano dedicado a calcular un asunto de vida o muerte como lo es la supervivencia. Si tú o yo estuviéramos construyendo una calculadora, construiríamos una que siempre diera respuestas correctas. Ahora bien, si la calculadora que construyéramos fuera también en sí misma una personalidad, esta también afirmaría tener razón.

Habiendo observado a esta computadora en su estado óptimo como la personalidad básica, la conclusión distó mucho de ser un simple postulado. De manera que llamaremos a esta computadora la *mente analítica*. Podríamos subdividir esto aún más y complicarnos diciendo que hay un "yo" además de una computadora, pero esto nos desviaría en una u otra dirección que, tal como se desarrollan las cosas, no es demasiado útil en este momento. Por lo cual la mente analítica, o el *analizador,* es una computadora y es el "yo" para nuestros propósitos. Todo lo que queremos es una buena *solución funcional.*

Lo siguiente que debemos considerar es aquello que aparentemente hace del Hombre un ser consciente. Y esa consideración nos lleva a la conclusión de que poseer este analizador eleva al hombre muy por encima de los demás mamíferos. Pues mientras el Hombre sea racional, será superior. Cuando se reduce esa racionalidad, se reduce también su estado de ser. Puede postularse entonces que este analizador es lo que establece la diferencia entre un perro y un hombre.

Desde hace mucho tiempo, ha sido popular el estudio de los animales entre los psicólogos experimentales, pero no se les debe valorar de manera equivocada. El trabajo de Pavlov fue interesante; demostró que los perros siempre serán perros. Ahora, a la luz de estas nuevas observaciones y deducciones, se demostró más de lo que sabía Pavlov. Se demostró que los hombres *no eran* perros. Aquí debe de haber una respuesta en alguna parte. Veamos. He entrenado a muchos perros. También he entrenado a muchos niños. Tuve una vez la teoría de que si se entrenaba a un niño con la paciencia con que se entrena a un perro, se tendría un niño obediente. No funcionó. Hmmm. Así es. No funcionó. Por más que uno tratara calmada y pacientemente de transformar a ese niño en un perro bien entrenado: "Ven aquí", y salía corriendo… hmmm. Debe de haber alguna diferencia entre los niños y los perros. Bueno, ¿qué tienen los perros que no tengan los niños? Mentalmente, es probable que nada. Pero, ¿qué tienen los niños que no tengan los perros? ¡Una buena mente analítica!

Observemos, pues, esta mente analítica humana más de cerca. Debe de tener una característica distinta de las mentes animales… de las mentes de los mamíferos inferiores. Postulamos que esta característica debe de tener un alto valor de supervivencia; evidentemente desempeña un papel muy importante, y está muy extendida y el analizador… hmmm.

El analizador debe de tener alguna cualidad que hace de él un aparato pensante un poco diferente de los que se observan en ratas y perros. No sólo es la sensibilidad y la complejidad. Debe de tener algo mejor y más nuevo. ¿Otro principio? Bueno, difícilmente todo un principio, pero…

Cuanto más racional es la mente, tanto más cuerdo es el hombre. Cuanto menos racional es la mente, tanto más se acerca el Hombre, en cuanto a conducta, a sus primos de la familia de los mamíferos. ¿Qué es lo que hace que la mente sea irracional?

Organicé una serie de experimentos, usando las personalidades básicas con que pude ponerme en contacto por encima o por debajo del nivel de las personalidades aberradas, y en ellos confirmé la claridad y el funcionamiento óptimo de la computadora básica. Algunos de estos pacientes estaban bastante aberrados hasta que estuvieron en un trance hipnótico de amnesia, momento en que se les podía liberar del control del hipnotizador. Las aberraciones no estaban presentes. Los tartamudos no tartamudeaban. Las rameras se volvían morales. La aritmética resultaba fácil. Había recuerdo de visión cromática y audio-timbre. Imaginación de visión cromática y audio-timbre. Se sabía qué era imaginación y qué no. Los demonios se habían quedado estacionados en alguna parte. Se había pasado por alto a los circuitos y a los filtros que causaban aberración, por decirlo con más precisión técnica y científica.

Ahora bien, postulemos que los circuitos aberrativos se han introducido de alguna manera desde el mundo exterior: hemos tratado extensamente ese tema, un terreno muy firme.

Y aquí hay una respuesta. Los circuitos de desviación y los filtros introducidos se convertían en aberraciones de alguna forma que aún no comprendíamos. ¿Y qué nuevo cariz le daba esto al analizador?

La investigación adicional parecía indicar que la respuesta podría encontrarse en el término "determinismo". Una cuidadosa inspección de esta computación confirmó las observaciones. Nada se violaba. ¿Funcionaba?

Postulemos esta computadora perfecta. Es *responsable*. Tiene que ser responsable. Tiene *razón*. Tiene que tener razón. ¿Qué es lo que le haría estar equivocada? Un determinismo externo más allá de su facultad de rechazo. *Si no pudiera desechar un dato falso, tendría que computar con él.* Entonces, y sólo entonces, la computadora perfecta tendría respuestas equivocadas. Una computadora perfecta tendría que ser *auto*-determinada dentro de los límites de los esfuerzos necesarios para resolver un problema. Ningún auto-determinismo, mala computación.

La máquina tendría que ser *auto-determinada* en gran medida o no funcionaría. Esa fue la conclusión. Buena o mala, ¿llevaba a resultados adicionales?

Lo hacía.

Cuando se introducía un determinismo exterior en un ser humano de modo que desequilibrara su auto-determinismo, la corrección de sus soluciones disminuía con rapidez.

Tomemos cualquier calculadora corriente. Pongamos en ella la orden de que todas sus soluciones deben contener la cifra 7. Mantengamos el 7 atorado e introduzcamos en la calculadora el problema de multiplicar 6 por 1. La respuesta es incorrecta. Pero seguimos atorando el 7. A efectos prácticos, esa máquina está loca. ¿Por qué? Porque no computará correctamente mientras se mantenga atorado el 7. Ahora soltemos el 7, introduzcamos en la máquina un problema muy complejo y conseguiremos una respuesta correcta. Ahora la máquina es cuerda: racional. Da respuestas correctas. En una computadora electrónica, ponemos un cortocircuito en el 7 para que siempre se le añada a cualquier operación, sin importar qué teclas se pulsen. Después le damos la máquina a un tendero. Este trata de usarla y la tira a la basura porque no le da respuestas correctas y él no sabe nada de reparaciones electrónicas ni falta que le hace. Lo único que quiere es un resultado correcto.

Si se acepta la computación de la mente analítica, y se acepta sólo mientras funcione, ¿de dónde saca un 7 atorado, un dato erróneo impuesto?

Ahora, una computadora no es necesariamente su banco de memoria. Los bancos de memoria pueden agregarse y quitarse en una computadora electrónica estándar. ¿Dónde buscamos el error? ¿Está en el banco de memoria?

La búsqueda de lo que estaba atorando el 7 requirió de bastante trabajo arduo, especulaciones y suposiciones. Se tenía que llevar a cabo un poco más de trabajo en la computadora, o sea, en la mente analítica. Y entonces surgió lo que parecía ser un pensamiento brillante. Supongamos que organizamos toda la computadora como si fuera un demonio. Un demonio que siempre e invariablemente tiene razón. Instalemos uno en una mente, de manera que la computadora pueda proyectarse hacia el exterior del cuerpo y darle órdenes al cuerpo. Hagamos que la computadora sea un circuito independiente del individuo. Bueno, el hipnotismo tiene algunos usos. A veces es un buen instrumento para la investigación, aun cuando sea el principal malo de la obra en la aberración.

Dos cosas sucedieron en el momento en que se hizo esto. La computadora podía dirigir al cuerpo como una "entidad exterior" y usar a voluntad los bancos de memoria para lo que fuera. *El siete ya no estaba atorado.*

"*Si se acepta la computación de la mente analítica, y se acepta sólo mientras funcione, ¿de dónde saca un 7 atorado, un dato erróneo impuesto?*".

Por supuesto, esta fue una prueba insólita, que sólo podía hacerse en un paciente hipnótico excelente. Y sólo podía instalarse como algo temporal.

Este demonio artificial lo sabía *todo*. El paciente podía oírlo cuando estaba despierto. El demonio estaba dotado de recuerdo perfecto. Dirigía al paciente de forma admirable. Hacía computaciones moviendo la mano del paciente (escritura automática) y llevaba a cabo acciones que el paciente, evidentemente, no podía hacer. Pero, ¿por qué él sí podía? Habíamos separado artificialmente al analizador del paciente aberrado, haciendo un nuevo circuito de desviación que pasaba por alto todos los circuitos aberrados.

Esto habría sido una solución maravillosa si no hubiera sido porque el paciente pronto se volvió esclavo del demonio y porque el demonio, después de un tiempo, empezó a tomar aberraciones de las muchas que el paciente tenía almacenadas. Pero sirvió para poner a prueba los bancos de memoria.

Algo debía de andar mal con estos bancos. Todo lo demás estaba en buen estado. Los bancos contenían una infinidad de datos que asombraban por lo completos que eran. Así que se inició una profunda y larga búsqueda para encontrar algo que andara mal en los bancos. En sueño amnésico o con narcosíntesis, los bancos podían saquearse por completo. Por medio de la escritura automática, vocalización y clarividencia, podían ser explotados aún más.

Esta era una forma descabellada de hacer las cosas. Pero una vez que habíamos comenzado a investigar los bancos de memoria, seguían presentándose tantos datos que teníamos que continuar.

No tenemos espacio aquí para mencionar todo lo que encontramos en el banco de memoria humano, ni lo completo que es, su exactitud, su minuciosidad ni su sistema de clasificación cruzada, fantásticamente complicado, pero muy ingenioso. Sin embargo, es necesario un resumen de algunos puntos sobresalientes.

En primer lugar, los bancos contienen una grabación completa de video en color de toda la vida de una persona, a pesar de los circuitos demonio. Estos últimos ocluyen o falsifican. No alteran el banco ni la exactitud del banco. Una "mala" memoria, significa una memoria obstruida, aunque la memoria está completa. *En los bancos puede encontrarse cada percepción recibida a lo largo de una vida.* Todas las percepciones. En su debido orden.

Las memorias se archivan por tiempo. Tienen una etiqueta de edad y otra emocional, una etiqueta del estado físico del ser y un registro preciso y exhaustivo de todo lo percibido por percépticos de sensación orgánica, olfato, gusto, táctil, audio y visión *además* de la secuencia de pensamientos del analizador en ese momento.

No existe ninguna inexactitud en los bancos. Por supuesto, la inexactitud puede provocarse por cirugía o por lesiones que afecten a porciones realmente eliminadas. El electrochoque y otras tentativas psiquiátricas son sospechosos. La lobotomía prefrontal es un asesinato de mentes tan certero y completo que después de ella no se puede estar seguro de nada en el paciente, excepto de que es un zombi.

En fin, los bancos de memoria son tan fantásticamente completos y están en un orden tan perfecto, tras los circuitos de desviación en toda persona que no haya sido manipulada orgánicamente, que casi dejé la alfombra deshilachada de tantas vueltas y vueltas que le di intentando concebirlo. Muy bien, había algo entre los bancos y el analizador. Tenía que ser así. Los bancos estaban completos. Los circuitos estaban intactos. En cualquier paciente orgánicamente sano (y eso incluye a todos los pacientes que tienen afecciones psicosomáticas), la personalidad básica se encontraba intacta, al parecer, y los bancos estaban intactos. Pero de alguna manera, los bancos y el analizador no actuaban en consonancia.

Bueno, echemos otro vistazo. Este es un problema de ingeniería. Y hasta ahora se ha rendido perfectamente al pensamiento y a la computación de la ingeniería. Al parecer, debería seguir rindiéndose. Pero examinemos a Freud. Ahí está su "censor". Veamos si existe un censor entre los bancos y el analizador.

Eso se vino abajo en unos dos segundos a lo sumo. El censor es un compuesto de circuitos de desviación y podría decirse que es tan natural y tan necesario para un ser humano como lo sería una quinta rueda en un monociclo. No existe censor alguno. Me lo merecía por tratar de apoyarme en la Autoridad.

En lo que respecta a la Autoridad, si se puede deletrear, entonces es correcto. En lo que respecta a la ingeniería, si no se puede encontrar y medir de alguna manera, es probable que no exista.

Volví a revisar los bancos de memoria. ¿Cómo estaba obteniendo yo los datos? Para algunos, estuve usando escritura automática; circuito de desviación para otros; regresión directa y revivificación mediante el antiguo principio hindú para otros. Me puse a tratar de clasificar qué tipo de datos estaba yo obteniendo con cada uno de los métodos de recuerdo. De pronto el problema se desmoronó. Mediante escritura automática estaba consiguiendo datos que no eran accesibles al analizador. Mediante desviación, estaba consiguiendo datos por otra parte inaccesibles. Mediante la regresión y la revivificación, se estaba consiguiendo información sólo un poco mejor de la que podía recordar el sujeto en trance. Encontré que los datos que podía verificar eran invariablemente exactos con cualquiera de estos métodos. ¿Cuál era la diferencia entre los datos de la escritura automática y simples datos producto del trance?

Tomé los datos automáticos de un paciente y le provoqué una regresión a ese periodo. No pudo recordarlo. Los datos se referían a una pierna rota y a un hospital. Lo empujé por pura fuerza a entrar en el incidente. El paciente sintió un dolor muy agudo en el área de la vieja fractura.

Esto estaba muy lejos del hipnoanálisis. Era un esfuerzo por encontrar una interposición entre los bancos de memoria y el analizador, no un esfuerzo por aliviar "experiencias traumáticas".

Y ahí estaba la respuesta. ¿Por qué no? Era muy sencillo. Allí había estado, delante de mis narices desde 1938. ¡Ah, esos espejos retrovisores de dos metros de ancho! Incluso había hecho una ley al respecto:

La función de la mente incluía evitar el dolor.

El dolor iba contra la supervivencia. Evítalo.

Y ya está: ¡la forma de mantener atorado el 7! ¡Se le puede mantener atorado mediante dolor físico! El mundo exterior entra en el hombre y se convierte en banco de memoria. El analizador usa el banco de memoria. El analizador usa el mundo exterior. El analizador queda atrapado entre el mundo exterior de ayer, que ahora es interior, y el mundo exterior de hoy y mañana, todavía exteriores.

¿Puede ser simplemente que este analizador consiga sus datos con un circuito de percépticos? ¿Podría ser que ese circuito de percépticos lleve en sí tanto el ayer como el hoy? Bueno, comoquiera que sea, es cierto que el analizador se comporta con el mundo interior de ayer igual que se comporta con el mundo exterior de hoy en lo que se refiere a evitar el dolor. La ley funciona en ambos sentidos.

El analizador evita tanto el dolor de ayer como el dolor de hoy.

Bueno, eso es razonable. Si se evita el dolor de ayer en el entorno de hoy, se tiene una mayor oportunidad de sobrevivir. De hecho… Pero mira aquí: el problema es más que esto. Si el analizador tuviera una visión clara del dolor de ayer, lo podría evitar mejor hoy. Eso sería un buen funcionamiento.

Ese era el "fallo" de la máquina. Pero era un "fallo" muy necesario. Sólo porque un organismo esté construido para sobrevivir, moldeado para sobrevivir y con la intención de sobrevivir, eso no significa, necesariamente, que sea perfecto.

Pero el analizador *era* perfecto.

Los bancos eran perfectos.

El analizador simplemente no permitiría nunca que entraran las irracionalidades del mundo exterior, siempre y cuando pudiera evitarlo.

¡Siempre y cuando pudiera evitarlo!

EL VILLANO DE LA OBRA

CAPÍTULO SEIS

EL VILLANO
DE LA OBRA

AHORA YO ESTABA SONDEANDO en busca del villano de la obra. Durante un tiempo no se le encontró. Se hicieron muchos experimentos. Se hicieron esfuerzos por devolver la salud a varios pacientes, simplemente atravesando la pared de dolor que el analizador estaba "tratando de evitar". Se irrumpió en muchos incidentes dolorosos, de angustia mental y física, tantos como para llenar una biblioteca, pero sin conseguir mucho alivio. Los pacientes recaían.

Entonces se descubrió que cuando a un paciente se le empujaba a través de un periodo en el que había estado "inconsciente", mostraba cierta mejoría. Luego se descubrió que estos periodos "inconscientes" eran en cierto modo como periodos de hipnosis que el dolor hacía efectivos. ¡El paciente respondía como si el "periodo inconsciente" hubiese sido una sugestión posthipnótica! De esta serie de experimentos se obtuvo un dato principal:

Alivia el dolor y la "inconsciencia" y el poder sugestivo desaparece.

No era necesario que al sujeto se le impartiera ninguna jerigonza hipnótica en este "periodo inconsciente". Pero cada uno de los percépticos percibidos tendía a aberrarlo.

No me había dado cuenta hasta entonces de que estaba jugando a corre que te alcanzo con una etapa media del proceso evolutivo del Hombre que no había sido advertida hasta ahora. Si alguna vez había sido un renacuajo, entonces no había perdido ninguna de las partes a través de las cuales había evolucionado. ¿Cómo piensa un pez?

Bueno, veamos cómo respondería un pez al dolor. Está nadando en agua salobre de color amarillo sobre fondo verde percibiendo el sabor del langostino. Un pez grande le da un golpe; yerra y no lo mata. Nuestro pez vive para volver otro día. Esta vez se mete nadando en otra área salobre con fondo negro. Se pone un poco nervioso. Luego el agua se torna amarilla. El pez se pone muy, muy alerta. Sigue avanzando y pasa sobre un fondo verde. Entonces percibe el sabor a langostinos y de inmediato se aleja nadando a toda velocidad.

Ahora bien, ¿y si el Hombre todavía tuviera sus reacciones de organismo inferior? Bueno, según el experimento, así era. Drógalo con éter y lastímalo. Luego haz que huela éter y se pondrá nervioso. Empieza a dormirlo y él empezará a pelear. Otros experimentos dieron todos la misma conclusión.

Las reacciones de los organismos inferiores se pueden determinar y predecir con precisión. Los perros de Pavlov. Cualquier perro que hayas entrenado. El perro puede tener también algo de analizador, pero es un animal que funciona a base de botones que se pulsan. Y el Hombre también. Ah, sí, el Hombre también. Ya sabes, como las ratas.

¡Sólo que el Hombre *no es así*! El Hombre tiene un amplio poder de elección. Interfiere con ese amplio poder y se avecinan problemas. Abérralo lo suficiente y responderá a los botones de manera impredecible. Córtale el cerebro con un cuchillo y se le podrá entrenar para que diga guau guau para pedir de comer. ¡Pero más te vale tener cuidado de cortar rematadamente bien para obtener un guau guau satisfactorio el 100 por ciento de las veces!

¿Qué sucede cuando a un hombre se le deja noqueado? Él "no está ahí". *Pero todas las grabaciones de la memoria durante ese periodo sí están.* ¿Qué sucede cuando se le deja medio noqueado? Hace acciones extrañas y automáticas. ¿Qué sucede cuando su analizador está tan aberrado que...? ¡Oye! ¡Espera! ¿Cómo construirías un analizador bueno y sensible? ¿Lo dejarías conectado a todas las descargas? ¡Para nada! Le pondrías fusibles para que pudiera vivir para pensar otro día. En una emergencia, ¿qué clase de respuesta querrías? ¡Automática!

Estufa caliente, mano en estufa, retira la mano. ¿Haces alguna computación para eso? Claro que no. ¿Qué retiró la mano? ¿El analizador? No. ¿Qué le sucedió al analizador por un instante durante el momento de la impresión? ¡El analizador se sale de circuito y deja todo el mando a un director de control mecánico! Un buen director que *piensa* rápido mediante *identidades*.

El analizador no piensa mediante *identidades*. Piensa mediante *diferencias* y *semejanzas*. Cuando pierde su poder de distinguir y piensa mediante identidades... No, nunca hace eso. Eso es locura y el analizador *no* se vuelve loco. Pero hay algo por aquí que piensa mediante identidades. Empieza a trabajar en un paciente y encontrarás que un guiso de carne es igual a nieve es igual al dolor en la rodilla: eso es *pensar mediante identidades.*

No sabemos aquí qué le sucede realmente a ese analizador. Pero sí sabemos que hemos encontrado algo que se interpone entre los bancos y la computadora. Siempre que se envía a un hombre a momentos de "inconsciencia" del pasado se puede encontrar algo que piensa mediante identidades y que tiene gran prioridad sobre la razón durante momentos de tensión.

Ahora sabemos qué hace. Toma el mando cuando el analizador está fuera de circuito. No importa si es o no la mente de tipo antiguo que el Hombre no desechó cuando llegó a tomar consciencia desarrollando un analizador. Tampoco nos ocupamos de si es una entidad estructural compuesta por una combinación de "periodos inconscientes". Estamos trabajando en la función y queremos respuestas que sirvan sin excepción.

Llama a esto la *mente reactiva.* Es una mente que está construida para funcionar en momentos de enorme dolor físico. Es resistente. Funciona hasta el último aliento y a un milímetro de la muerte. Quizá sea casi imposible construir una mente muy consciente, que actúe en las terribles condiciones de agonía en que encontramos que funciona la mente reactiva. Tal vez la mente reactiva… Bueno, eso es estructura. Aquí la vemos como función.

La mente reactiva piensa mediante *identidades.* Es una mente de estímulo-respuesta. Sus acciones están determinadas por el exterior. No tiene ningún poder de elección. Ofrece datos de dolor físico durante momentos de dolor físico, en un esfuerzo por salvar al organismo. Mientras sus mandatos y sus órdenes se obedezcan, refrena el dolor físico. Tan pronto como el organismo empieza a oponerse a sus órdenes, inflige dolor.

Si el pez no se hubiera alejado al encontrarse en un área de peligro en donde lo habían atacado, el burdo mecanismo de la reestimulación del dolor lo habría obligado a retirarse. No nadar es igual a costado dolorido. Nadar es igual a todo va bien.

El analizador hace saltar sus fusibles, como lo haría cualquier máquina buena cuando su delicado mecanismo está a punto de ser destruido por una sobrecarga. Eso es supervivencia. La mente reactiva entra en juego cuando el analizador no funciona. Eso es supervivencia.

Pero algo debe de andar mal. Era un montaje bastante bueno. Pero no siempre funcionaba.

O funcionaba demasiado bien.

Así se descubrió el banco de memoria reactivo y la totalidad de su contenido: los *engramas* y sus *candados*. Un *engrama* es simplemente un periodo de dolor físico en que el analizador está fuera de circuito y el organismo experimenta algo que cree que es o que es contrario a su supervivencia. Un engrama se recibe sólo en ausencia del poder analítico.

Cuando el analizador está fuera de circuito, pueden pasar al banco de memoria datos con valor de alta prioridad sin que los evalúe el analizador. Ahí se transforman en parte del banco de emergencia. Este es un banco de etiquetas rojas, la mente reactiva, compuesto por situaciones peligrosas de alta prioridad experimentadas por el organismo. La mente reactiva tiene a este banco como única fuente de información.

"El analizador hace saltar sus fusibles, como lo
haría cualquier máquina buena cuando su delicado
mecanismo está a punto de ser destruido por una
sobrecarga. Eso es supervivencia. La mente
reactiva entra en juego cuando el analizador
no funciona. Eso es supervivencia".

La mente reactiva piensa mediante identidades con este banco de etiquetas rojas. Mientras el analizador está *plenamente* en circuito, el banco de etiquetas rojas es nulo y sin efecto. Cuando el analizador está parcialmente fuera de circuito (como en el caso de la fatiga, la ebriedad o la enfermedad), una parte de este banco puede ponerse en marcha.

Empecemos a llamar a la "inconsciencia" con una nueva palabra: *anatén. Aten*uación *an*alítica (del inglés *an*alytical *atten*uation). Existe un anatén mayor o menor. Se anestesia a un hombre con éter. Se pone anatén. Se le da un golpe en la mandíbula y se pone anatén.

Ahora, ¿qué contiene un engrama? El examen científico de este objeto de interés demuestra que el engrama está compuesto de anatén, tiempo, edad física, emoción, dolor físico y todos los mensajes sensoriales en secuencia ordenada. Palabras, vistas, olores: todo lo que estaba presente.

Tuvimos que organizar aquí una nueva subciencia para pensar adecuadamente en los engramas. Es la ciencia de los *percépticos.* ¿Conoces la semántica general? Bueno, es la misma organización, sólo que incluimos todos los percépticos y mostramos dónde se origina el significado de cada percéptico y por qué el Hombre no puede, con facilidad y aplomo, dejar de identificar mientras tenga engramas.

La escritura automática que yo estaba obteniendo salía directamente de los engramas. Eso y los circuitos de desviación revelaban datos recibidos durante el anatén: engramas. Y entonces descubrí que estos engramas tenían una facultad peculiar. Podían crear sus propios circuitos usando los circuitos anfitriones de forma parasitaria.

Así es como se puede establecer un engrama: a María, de 2 años de edad la deja inconsciente un perro, el perro la muerde. Contenido del engrama: anatén, edad: 2 años (estructura física), olor del entorno y del perro, visión de las mandíbulas del perro abiertas y dientes blancos, sensación orgánica de dolor en la parte posterior de la cabeza (se golpeó con la acera), dolor en el trasero, mordedura del perro en la mejilla, táctil del pelo del perro, sensación del cemento (codos en la acera), aliento caliente del perro, emoción, dolor físico más respuesta endocrina, audio del gruñido del perro y un coche que pasa.

Qué hace María con el engrama: ella no "recuerda" el incidente, pero a veces juega a que es un perro que salta sobre la gente y les muerde. Aparte de eso, no hay otra reacción. Luego, a la edad de 10 años (en circunstancias similares, sin mucho anatén) el engrama se "reestimula". Después de esto, María tiene dolores de cabeza cuando ladran los perros o cuando pasan coches que suenan como *aquel* coche, pero sólo responde al engrama cuando está cansada o, de alguna otra forma, agobiada. Primero el engrama estaba latente: los datos esperaban por si acaso. Después se produjo el *key-in:* algo de lo que hay que cuidarse. Luego el engrama se *reestimulaba* cada vez que aparecía cualquier combinación de sus percépticos mientras María estaba un poco anatén (fatigada). A los cuarenta años, respondía de la misma manera exacta, ¡y todavía no tiene ni la más leve comprensión consciente de la verdadera razón!

Ahora consideremos qué habría sucedido si la mamá de María hubiera gritado algo muy selecto, hablando engrámicamente, como: "¡Tranquila! ¡Tranquila! Oh, mi vida, siempre pasa lo mismo. ¡Vete! ¡Vete!". Algo que mamá tenía engrámicamente guardado como algo apropiado que hacer o decir cuando los perros muerden a las hijas.

Tenemos aquí lo que equivale a una sugestión posthipnótica: *pensamiento mediante identidad* (equivalencia). Todos los percépticos son iguales a todas las palabras son iguales a un perro es igual a mamá es igual a vete, etc., etc., etc., y cada uno es igual a todo y a cualquier parte de cada una de estas cosas. ¡No es extraño que nadie pudiera entender a un loco! Esto es irracionalidad de lujo. Literalmente, esta computación de pensamiento de identidad no tiene sentido. Pero son datos de supervivencia y más vale obedecerlos o la mejilla dolerá, dolerá la cabeza y en los codos aparecerá una "dermatitis" permanente.

Pero recuerda que este engrama tenía también, como etiqueta, anatén: *el grado exacto de anatén presente durante ese momento*. El analizador es un aparato refinado; pero es también, evidentemente, un órgano físico (probablemente los lóbulos prefrontales) y la sensación orgánica incluye varias cosas. La reestimulación produce esta situación. "Desconectar analizador". "Mente reactiva a células. Perro con etiqueta roja a la vista. Desconectar analizador. Esta es una situación de prioridad. Eso es todo".

El grado de anatén dista mucho de ser igual al del original en el engrama. Pero es suficiente para producir un estado reducido de análisis; en realidad, una cordura reducida. Muchas veces el sujeto sólo tiene una sensación de confusión mental embotada y estúpida, una especie de emoción estúpida, no razonada y no identificada, que parece dejar aturdido el pensamiento. ¡Estás frito! Así tenemos una situación que empieza a acercarse a un determinismo a base de botones que se pulsan. El engrama que ha tenido el key-in puede, cuando el individuo está un poco anatén (fatigado, enfermo, somnoliento), actuar mediante botones que se pulsan. Dile a un sujeto ligeramente anatén la palabra *clave,* la cual se encuentra en uno de sus engramas, y puede que observes una de las reacciones de ese engrama. Pulsa el botón lo bastante a conciencia y se llevará a cabo una dramatización completa: ¡*volverá a representar* la situación original!

Así es el banco de "memoria" de etiquetas rojas de la mente reactiva. El descubrimiento de este banco es uno de los varios descubrimientos originales de Dianética. Muchas partes de Dianética pueden encontrarse, aunque mal valoradas, en antiguas escuelas filosóficas o en el ejercicio moderno. Pero quedan unas cuantas facetas totalmente nuevas para las que no hay un arte previo. Este banco de etiquetas rojas es un asunto muy especial y bastante diferente, en cuanto a composición, contenido y circuitos, a los bancos analíticos: bancos conscientes que contienen datos que se pueden "recordar".

La razón de que nunca antes se descubriera este banco no es difícil de encontrar. El contenido del banco de etiquetas rojas se implantó cuando el analizador estaba fuera de circuito: inconsciente. Está situado, según parece, muchos estratos por debajo de la capacidad consciente en el estupor de un noqueo físico. Cuando uno intentaba llegar a él mediante hipnosis o narcosíntesis, se enfrentaba a un paciente que simplemente tenía la apariencia de noqueado, que no respondía a nada. Como la narcosíntesis y la hipnosis tienen un regusto a sueño, el sueño más profundo resultante de todo el conjunto de todos los noqueos pasados durante toda una vida hace que el paciente quede totalmente insensible, aun cuando uno se encontrara justo encima del banco reactivo. Fue así como este banco permaneció oculto y desconocido. Y eso es algo muy triste. Porque a menos que uno conozca la existencia de este banco, el problema de la imperfección del Hombre, su demencia, sus guerras, su infelicidad, puede seguir desatendido o engrosar las colas para el chamán o el neurocirujano. De forma mucho más amplia, puede decirse que el carácter oculto de este banco es responsable de la conducta irracional de toda la Humanidad. ¿Y cuántas vidas ha costado eso en los últimos cuatro mil años?

Es un tipo muy peculiar de banco. Es el *único* banco de la mente humana del que se puede vaciar cualquier contenido. Todo su contenido es dolor e inconsciencia. Y sólo el dolor físico puede borrarse de la mente. Ahora, ¿no dirías que es un tipo peculiar de banco? Ahí está, con las bodegas llenas de datos de supervivencia que son de alta prioridad pero falsos. Ahí está, lleno de experiencias que, por la manera en que están archivadas, pueden conducir a un hombre al suicidio u otra locura. Ahí está, con todos sus recuerdos listos para tomar los controles motores del cuerpo sin tan siquiera pedir permiso al analizador consciente, para hacer que un hombre corra como loco hasta que se caiga de un paro cardiaco. Ahí está, capaz de transformar la estructura perfecta del cuerpo en una cosa de pesadilla, con un rostro semejante al de un feto y con extremidades atrofiadas o subdesarrolladas. Ahí está, listo para crear todo lo que conocemos como enfermedad física, o al menos predisponerla, posiblemente incluso el cáncer. Ahí está, llenando hospitales, manicomios y cárceles. ¡Y sin embargo, es la única porción de la memoria humana que puede modificarse y cambiarse!

¿Cuál es el valor de algunas de las antiguas filosofías si la única "memoria" que se puede reducir es una de dolor?

Intenta cualquier técnica que quieras en una memoria agradable o incluso una pasajera de uno de los bancos conscientes. Permanecerá allí donde está, indeleble, especialmente las placenteras. Pero una "memoria" en el banco de etiquetas rojas, cuando se aborda adecuadamente con la técnica de Dianética, desaparecerá por completo de ese banco. Se rearchivará como memoria en uno de los bancos de nivel consciente; y como tal, por cierto, es extremadamente difícil de localizar (comparable a lo que cenaste el 2 de junio cuando tenías dos años de edad), y cuando se encuentra tiene la etiqueta de "datos considerados antisupervivencia, no se permite que estos ni otros datos similares entren en ninguna computación fundamental". Y una de estas "memorias" inconscientes, tras ser tratada, produce más o menos la misma respuesta emocional que un chiste ligeramente divertido.

El banco de etiquetas rojas podría causar que se instalen circuitos que parezcan y suenen como demonios. Podría ocluir parcialmente el banco consciente o todo él de manera tan completa que parezca que el pasado no existe. Podría mandar y dar órdenes a una persona igual que un idiota podría controlar a un robot. Y sin embargo, es perecedero. Y se le puede desintensificar y rearchivar, con el consiguiente gran aumento de las probabilidades de supervivencia de una persona. Todo su contenido es contrario a la supervivencia. Cuando ya no existe, la supervivencia se mejora demostrablemente: y eso significa lo que dice, y se puede comprobar en un laboratorio científico con un experimento del tipo de "¿Es esto agua?".

Los recuerdos de placer pueden atacarse con diversas técnicas. Pero son fijos. No ceden ni un ápice. Rearchiva las memorias reactivas y salta a la vista toda la vida consciente del individuo, brillante y clara, sin sufrir modificaciones por los circuitos de desviación que constituyen la demencia. Reduce el banco reactivo y sale a la vista la mente óptima del individuo. El banco reactivo no era ni el impulso dinámico ni la personalidad del individuo: estos son indelebles e intrínsecos.

Y sucede otra cosa. Los circuitos de desviación y el banco reactivo aparentemente están colocados sólo entre los bancos conscientes y el analizador. No están, por ejemplo, entre la oreja y el archivo sónico en el banco consciente, o entre el ojo y el archivo de visión, etc. Este es un descubrimiento muy importante por derecho propio. Ya que significa que, por ejemplo, una aberración, relacionada con la incapacidad de oír, no evitaba que se archivaran todos los sonidos correspondientes; una aberración sobre la incapacidad de ver colores no evitaba que se archivara todo el color. Elimina el circuito reactivo que evitaba aparentemente las observaciones y el analizador se encuentra en posesión de bancos completos de información que nunca supo que tenía, todo ello con el correspondiente sonido, color y otros.

Por ejemplo, se lleva a través de la terapia a un hombre que supone que el mundo entero es feo y sórdido. La aberración que hizo que el mundo le pareciera feo y sórdido se desintegra cuando el engrama o los engramas que la producían pierden su intensidad y se rearchivan. El circuito de desviación que estos engramas hicieron que se instalara *no* impidió que se hiciera un registro completo y exacto por medio de todos los conductos sensoriales. Por lo tanto, cuando se le permite al analizador penetrar en los archivos, el individuo descubre que tiene innumerables experiencias placenteras que, cuando ocurrieron, le parecieron feas y sórdidas, pero que ahora son radiantes.

Esto postula otra circunstancia que es interesante, aunque no vital para Dianética. Evidentemente, los bancos estándar de memoria de la mente no están llenos de recuerdos que sean entidades capaces de ejercer determinismo por la fuerza sobre el individuo. No son reestimulados automáticamente por la percepción de algo que los sugiere en el entorno. De ninguna manera están conectados a circuito alguno de forma permanente. Están llenos de conclusiones y el analizador puede tomar las viejas conclusiones o crear conclusiones nuevas que cambien a las antiguas. En otras palabras, *el banco estándar está a las órdenes del analizador y del individuo; el individuo no está a las órdenes de los bancos estándar.*

En resumen, no existe el "condicionamiento". El condicionamiento está muy bien para las ratas, los perros y los gatos. Estos funcionan mediante el banco de tipo reactivo. Por lo tanto, aquello a lo que ordinariamente nos referimos como condicionamiento, en realidad es una orden engrámica establecida en un momento concreto. Esto es fácil de demostrar científicamente. Digamos que el condicionamiento de toda una vida en el tema de, por ejemplo, comer con cuchillo desaparece en el momento en que se desintensifica la orden engrámica que lo exige. Esto no es teoría, sino realidad. *En ausencia de engramas acerca del tema, el condicionamiento no existe ni puede existir.* El condicionamiento se puede eliminar, y así seguirá.

Hay, pues, dos elementos en juego. La mente reactiva ordena ciertas acciones y estas pueden alterarse mediante la desintensificación de los engramas. El analizador puede conectar y coordinar ciertas respuestas automáticas para diversas situaciones y acciones mecánicas. Llamemos *hábito* a la exigencia de la mente reactiva. Llamemos *pauta de entrenamiento* al requerimiento analítico. Hay hábitos: estos se pueden eliminar. Hay pautas de entrenamiento: estas sólo se pueden alterar con el consentimiento del analizador, es decir, del individuo. Prácticamente todas las pautas de supervivencia que en verdad llevan a la supervivencia están establecidas en el nivel analítico. Las reacciones a las que se entrega la gente y que son contrarias a la supervivencia están establecidas en el nivel reactivo.

Por lo tanto, el condicionamiento es otro término que también se puede dejar a un lado. El analizador, funcionando sin que los engramas se lo impidan, puede establecer o adoptar pautas de entrenamiento a voluntad. La mente reactiva puede establecer órdenes que constituyen hábitos sólo cuando el mundo exterior implanta tales órdenes en ausencia de pleno poder analítico. Dianética puede romper hábitos simplemente descargando los engramas que los ordenan. Dianética sólo podría cambiar una pauta de entrenamiento si el individuo accediera a ello.

Estos descubrimientos fueron una prueba más de que el Hombre era un individuo auto-determinado. Una investigación adicional condujo a otro hallazgo de que *aunque el banco reactivo era un determinismo exterior, este determinismo era una variable en el individuo.* En otras palabras, el determinismo ocasionado por el dolor tenía un efecto variable. La introducción del mismo engrama en tres personas diferentes podría producir tres reacciones diferentes. El Hombre es un organismo tan profundamente auto-determinado que tiene una reacción variable a todos los intentos de determinismo. La investigación puso de manifiesto el hecho de que podía ejercer su poder de elección sobre el banco reactivo, aunque fuera de una manera limitada.

Tenía cinco maneras de manejar un engrama: podría *atacarlo,* así como a su equivalente en el mundo exterior; podría *huir* de este y de su equivalente; podría *evitarlo* y a su equivalente; podría *ignorarlo* y a su equivalente; o podría *sucumbir* a él. Hasta cierto punto, el individuo era auto-determinado dentro de este grupo de reacciones. Y estas son las reacciones ante cualquier problema peligroso y contrario a la supervivencia.

En la jerga de Dianética, por cierto, estos se conocen como los "mecanismos de la pantera negra".

Imagina que hay una pantera negra sentada en las escaleras. Existen cinco formas en que alguien que está en la sala de estar y que desea ir al piso de arriba puede manejar la situación. Podría atacar a la pantera, podría huir de ella, podría evitarla saliendo y subiendo por el enrejado del porche (o engatusar a la pantera para que se quitara de ahí como otro medio de evitarla), podría simplemente negarse a admitir que es una pantera negra y tratar de subir de todas maneras, o podría quedarse ahí tumbado paralizado por el miedo y esperar a que la pantera se lo coma tranquilamente sin causarle demasiado dolor o que simplemente se aleje por aversión hacia los cadáveres (parálisis de miedo, negación de la peligrosidad).

Ahora bien, el analizador no maneja las memorias en un nivel consciente (del banco estándar) de esa forma. El analizador evalúa el presente y el futuro en cuanto a *experiencia* y *educación del pasado* más *imaginación*. El banco estándar se usa para computación, no para reacción emocional, culpa, autodenigración, etc. Los únicos datos válidos son aquellos que están en el banco estándar y en su búsqueda de éxito, felicidad, placer o cualquier finalidad deseable (o simplemente en el arte de la contemplación), el analizador debe tener información fiable y observación.

ATACAR

MECANISMOS DE LA PANTERA NEGRA

EVITAR

HUIR

IGNORAR

SUCUMBIR

"Tenía cinco maneras de manejar un engrama: podría atacarlo, así como a su equivalente en el mundo exterior; podría huir de este y de su equivalente; podría evitarlo y a su equivalente; podría ignorarlo y a su equivalente; o podría sucumbir a él".

Utiliza la memoria, conclusiones sacadas de la experiencia y conclusiones sacadas de sus conclusiones, y computa de diversas maneras para obtener respuestas correctas. Evita un dato falso como si fuera una maldición una vez que sabe que es falso. Y está reevaluando constantemente los archivos de memoria para reformular conclusiones. Cuanta más experiencia tenga, mejores serán sus respuestas. La mala experiencia son datos excelentes para la computación porque introduce el *nivel de necesidad*. Pero el analizador *no puede* computar datos reactivos, las "memorias inconscientes" que no puede alcanzar y de las que ni siquiera tiene noticia.

Así pues, estas "memorias" reactivas no son en absoluto memorias según lo que entendemos por *memoria*. Son otra cosa. Nunca se pretendió que fueran recordadas en un nivel analítico, ni que fueran analizadas de ninguna forma. El analizador, al tratar de eludir ese banco de etiquetas rojas, establece algunos circuitos cuya duplicación sería todo un reto para un Goldberg. El analizador está intentando alcanzar sus propios bancos de nivel consciente. Si no puede, no puede computar dando respuestas correctas. Si el analizador continúa recibiendo información extraña y aparentemente carente de origen, que sin embargo contiene dolor para obligar a su aceptación, ese analizador puede obtener respuestas muy erróneas. Y el cuerpo estructural puede fallar. Y los motivos fallan. Y alguien inventa frases como "errar es humano".

No, las "memorias" reactivas no son memorias. Así que las llamamos con un buen término médico: *engramas* (un rastro perdurable), y modificamos la definición matizando "perdurable". Sin duda eran bastante perdurables antes de Dianética.

Podemos postular que el engrama se recibe en un nivel celular. El engrama es memoria celular, de las células y almacenada en las células. No ahondaremos más en esto porque en este momento no queremos entrar en los problemas de la estructura. Pero podemos demostrar a satisfacción de cualquiera que el banco de la mente reactiva se encuentra aparentemente en el interior de las propias células y no es parte de los bancos de la mente humana que están compuestos, suponemos, por células nerviosas. Los engramas se encuentran en cualquier clase de células en todo el conjunto de estas. Para existir, no dependen en absoluto de la estructura nerviosa. Usan la estructura nerviosa y se aprovechan de ella, tal como la conocemos. Así que no estamos hablando de memoria cuando hablamos de engramas. Estamos hablando de grabaciones celulares del tipo de los discos fonográficos, grabaciones de olores, grabaciones de sensaciones orgánicas, todas ellas muy exactas. Y cuando decimos mente reactiva no estamos hablando de ninguna parte especial del cuerpo, sino de un método amalgamado, idiota y a nivel celular de recordar y computar. Algún día, puede que alguien corte un trozo de cerebro y grite: "¡Eureka, esta es la mente reactiva!". Quizás. Pero permaneciendo con nuestra computación funcional, podemos avanzar rápidamente y obtener resultados funcionales. Y por lo tanto, no necesitamos saber dónde se encuentra la mente reactiva. Y no nos interesa saber nada sobre la estructura exacta de sus bancos. Todo lo que queremos saber es lo que hacen.

El engrama reactivo llega con dolor cuando la mente analítica está más o menos fuera de circuito. El engrama *no* se graba en los bancos de nivel consciente. Llega en un nivel celular, justo como si las células que componen el cuerpo, reconociendo de pronto que el organismo está en claro peligro de perecer, echaran mano de los datos en un esfuerzo desesperado por salvarse a sí mismas, como una especie de esfuerzo desintegrado de sálvese quien pueda. Pero los datos que consiguen no son desordenados. Son de lo más terriblemente precisos, de lo más alarmantemente literales. Son exactos. "Tubo" significa "tubo" en todas las formas en que el sonido "tubo" pueda significar "tubo".

Una vez recibido, este engrama puede permanecer aletargado, inactivo. Se necesita una experiencia ligeramente similar, en el nivel consciente, para incitar ese engrama. Este momento de key-in evidentemente rearchiva el engrama dentro de los bancos de etiquetas rojas y lo dota de expresión. Las palabras del engrama cobran sentido. Las percepciones se conectan a los órganos sensoriales. El engrama está ahora en su sitio. Después de esto se puede reestimular con mucha facilidad. Las células son ahora capaces de conducir como pasajeras.

Bien, estos son los descubrimientos. Una vez hechos, era necesario averiguar cómo se podían *aplicar.*

TÉCNICA
Y APLICACIÓN

TÉCNICA Y APLICACIÓN

EL HOMBRE, SEGÚN HABÍAMOS postulado (y sin duda está funcionando), está obedeciendo la orden básica: ¡SOBREVIVE! Esta es una orden *dinámica.* Exige acción. Al revisar el asunto de la obediencia a esta orden, se necesitaron numerosas computaciones.

¡SOBREVIVE!

Bien, la primera y muy obvia respuesta es que el Hombre está sobreviviendo como organismo unitario. Una computación muy completa sobre esto (unas doscientas mil palabras), reveló el hecho de que a pesar de que todo en el Universo se podría explicar (mediante unas cuantas manipulaciones engañosas de la lógica) en cuanto a la supervivencia *personal,* el asunto era difícil de manejar y no era funcional. Queremos que las cosas sean funcionales. Esto es ingeniería, no un estudio sin propósito. Tenemos una meta definida. Así que veamos si el Hombre lo da todo por el Hombre.

Se puede computar toda la razón de la supervivencia del organismo hasta llegar a este único esfuerzo: la supervivencia de la *Humanidad* contemporánea. La única razón de que un organismo unitario sobreviva es permitir que sobreviva toda la Humanidad. Pero eso no funciona bien.

Ahora, tomemos un grupo, al que asignaremos simbiontes. Postulemos que el organismo unitario sobrevive totalmente para el *grupo*. De nuevo puede hacerse una computación que lo explique todo en relación con el grupo. El grupo es la única razón, dice esta computación. Es difícil de usar, pero no hay nada de malo en ella.

Muy bien, tratemos de reducirlo todo al *sexo*. Y todavía se puede computar perfectamente, aunque siga siendo un tanto difícil de manejar. La razón de que el Hombre sobreviva como unidad es para disfrutar del sexo y crear la posteridad. Pero esto requiere un número enorme de manipulaciones pesadas y engorrosas de lógica que a nadie le gustarían.

Al investigar la mente (acercándose al objeto que se está estudiando y examinándolo de verdad, en vez de discutir pomposamente y citar la Autoridad) se descubrió que existía un equilibrio aparente sólo cuando *las cuatro dinámicas** estaban todas más o menos en vigor. Cada una resultaba bien en la computación; pero si se toman como meta cuádruple, entonces se equilibran. La computación se vuelve muy simple. El comportamiento empieza a tener buen aspecto. Usando las cuatro, podemos hacer predicciones.

---

*En Dianética, la palabra *dinámica* se usa como sustantivo. Con *dinámica* se quiere decir la orden básica: ¡SOBREVIVE! Las *cuatro dinámicas* no son fuerzas nuevas; son subdivisiones de la fuerza primaria.

Ahora viene la prueba. ¿Podemos usarlo? ¿Funciona? Así es. Los engramas se interponen a estas dinámicas. Estos engramas tienen su propia energía, una sobrecarga de polaridad inversa que inhibe la dinámica sobre la que se encuentran. Esto es muy esquemático, pero tiene sentido y lo podemos usar en la terapia. Un periodo inconsciente (que contenga dolor físico y un antagonismo imaginario o real hacia la supervivencia) frustra, obstruye o impide el flujo de la fuerza dinámica. Cuando empiezan a acumularse estos impedimentos a una dinámica se observa que esta empieza a disminuir notablemente.

Ahora vayamos a la aritmética. Hay una buena razón para usar el número cuatro. Hay cuatro dinámicas. Hay cuatro niveles de tono físico. Si el conglomerado de fuerzas dinámicas de un hombre se considera como cuatro y la fuerza de su mente reactiva reestimulada (aguda o crónicamente, cualquiera de las dos) es lo bastante elevada para reducir ese conglomerado de fuerzas dinámicas a menos de dos, *el individuo está demente.* Considerando el hecho de que un engrama puede reestimularse en la actualidad hasta reducir esa fuerza a menos de dos, se produce un estado de demencia temporal.

Un engrama puede consistir en que el padre le pegue a la madre mientras el niño está anatén. Cuando este engrama se reestimula con fuerza, es posible que el niño, que ahora es un adulto, dramatice el incidente como el padre o como la madre, y lleve a cabo el drama completo, *palabra por palabra, golpe a golpe.*

Dado que es probable que cuando el padre le pegó a la madre, el padre estuviera dramatizando uno de sus propios

CONGLOMERADO DE FUERZAS DINÁMICAS

FUERZA DE LA MENTE REACTIVA

CUATRO NIVELES DE TONO FÍSICO

engramas, se puede encontrar aquí otro factor que es muy interesante. Se trata del contagio. *Los engramas son contagiosos.* Papá tiene un engrama. Golpea a la madre hasta ponerla en anatén. Ahora ella tiene un engrama de él, palabra por palabra. El niño estaba en anatén; quizá lo habían apartado de una patada y estaba noqueado. El niño es parte de los percépticos de la madre para ese engrama. La madre dramatiza el engrama en el niño. El niño tiene el engrama. Lo dramatiza en otro niño. Al llegar a la edad adulta, el engrama se dramatiza una y otra vez. Contagio.

¿Por qué degeneran las sociedades? Un pueblo llega a un lugar nuevo: nueva vida, pocos *reestimuladores* (siendo un reestimulador, el equivalente en el entorno al contenido de percépticos del engrama) y un alto *nivel de necesidad:* lo que significa un impulso dinámico fuerte. El pueblo florece en los nuevos confines. Y entonces comienza este contagio, ya presente de antemano, traído en parte del entorno anterior. Y se puede observar la espiral descendente.

El tener un engrama pone a una persona en estado de ligero anatén. Estando ligeramente anatén, uno puede recibir con más facilidad nuevos engramas. Los engramas conllevan dolor físico (psicosomáticos) que reduce el tono general y produce más anatén. Y en una espiral rápidamente descendente, el individuo decae.

Estas fueron las computaciones que se lograron mediante indagación e investigación. Ahora se trataba de hacerlas funcionar. Si no funcionaban, tendríamos que hacer cambios y buscar nuevos principios. Resulta que lo antedicho funciona.

Pero hacer que empezaran a funcionar fue difícil. No había forma de saber cuántos engramas podría tener un paciente.

Ahora podíamos sentirnos alegremente optimistas. Después de todo, había ahí una computación bastante buena, cierto conocimiento de la naturaleza del maleficio, y tal vez fuera posible producir un Clear (la condición de funcionamiento óptimo del analizador) en casi cualquier paciente. Pero el camino estaba lleno de piedras.

Se desarrollaron varias técnicas que produjeron, todas, un alivio comparable a un par de miles de horas de psicoanálisis. Pero eso no era suficiente. Podían producir resultados mejores que el hipnoanálisis y producirlos con mayor facilidad. Pero eso no llevaba el tren al otro lado del río.

Descubrí los *candados*. Un candado es una situación de angustia mental. Depende para su fuerza del engrama al que va adjunto. El candado es más o menos conocido por el analizador. Es un momento de fuerte reestimulación de un engrama. Al psicoanálisis podría considerársele un estudio de los candados. Descubrí que cualquiera de mis pacientes tenía miles y miles de candados, suficientes para mantenerme ocupado para siempre. La eliminación de los candados alivia. Incluso reduce enfermedades psicosomáticas crónicas… a veces. Produce más resultados que todo lo que se conocía hasta ahora, pero no *cura*. Eliminar los candados no devuelve al individuo todos sus poderes mentales, su timbre-audio, visión cromática, olfato, gusto, memoria orgánica e imaginación. Y no aumenta particularmente su coeficiente de inteligencia. Yo sabía que aún estaba lejos del analizador óptimo.

Fue necesario ir más y más atrás en la vida de los pacientes buscando engramas verdaderos, con anatén total. Se encontraron muchos. Se encontró que algunos se liberaban cuando se llevaba al paciente hacia atrás en el tiempo hasta ellos y se le hacía repasarlos una y otra vez, percéptico por percéptico. Pero también había engramas que no se liberaban, y deberían haberse liberado si la computación original era correcta. La computadora óptima debe analizar los datos con que funciona. Y una vez que se le hacen notar los datos falsos y los investiga, su sistema de autoinspección debería rechazar automáticamente esa falsedad.

El hecho de que un engrama no se liberara me preocupaba. O bien la idea básica de que el cerebro era una computadora perfecta estaba equivocada, o bien… hmmm. Antes de que pasara mucho tiempo se encontró que era necesario localizar el primer instante engrámico de cada percéptico antes de que el engrama posterior desapareciera. Eso parecía tener un orden. Al conseguir el primer dolor asociado con, por ejemplo, una rueda chirriante de tranvía, las ruedas de otro tranvía posterior no presentaban problemas, aun en engramas severos. La computadora perfecta no superaría el cortocircuito del nivel 256, si el mismo circuito tenía otro cortocircuito en el nivel 21. Pero al eliminar el cortocircuito (los datos falsos) donde apareció por primera vez, la computadora podía entonces encontrar y corregir fácilmente los errores posteriores.

Entonces empezó la búsqueda más persistente posible para encontrar el engrama más antiguo en cada paciente. Esto era un trabajo demencial. Verdaderamente extraño.

Un día me encontré con un engrama completo de nacimiento en las manos. Al principio no sabía lo que era. Después apareció la fraseología del médico. Estaban el dolor de cabeza, las gotas para los ojos… ¡Válgame! ¡La gente puede recordar el nacimiento, cuando se les hace meterse en él de forma adecuada! ¡Ajá! El nacimiento es el engrama más antiguo. Todo el mundo tiene un nacimiento. ¡Todos seremos Clear!

¡Ah, si hubiera sido cierto! Todo el mundo tiene un nacimiento. Y, créeme, el nacimiento es toda una experiencia, muy engrámica y muy aberrativa. Causa asma, vista cansada y somáticos en abundancia. El nacimiento no es un paseo por el parque, y el niño a veces está furioso, a veces apático, pero sin duda está grabando; sin duda es un ser humano con una buena idea de lo que está sucediendo cuando no está anatén. Y cuando el engrama mejora, él sabe analíticamente todo al respecto. (Y él puede dramatizarlo si es médico o ella puede dramatizarlo si es madre. ¡Vaya!, aquí hay mucha información. Información candente). Pero el nacimiento no es toda la respuesta. Pues la gente no se hacía Clear ni dejaba de tartamudear ni de tener úlceras ni de estar aberrada ni dejaba de tener circuitos demonio cuando el nacimiento se elevaba en la Escala Tonal. Y a veces el nacimiento no se elevaba.

Esto último fue suficiente para mí. Teníamos un axioma:

Encuentra el engrama más antiguo.

¿Sabes dónde acabó estando? *¡Veinticuatro horas después de la concepción!* Por fortuna, no en todos los casos. Algunos casos tardaban hasta cuatro días después de la concepción antes de recibir el primer engrama. El embrión sufre anatén con facilidad; ¡es evidente que *hay un anatén celular!*

Ninguna declaración tan drástica como esta, tan lejana a toda experiencia anterior, puede aceptarse con facilidad. No tengo explicación para la estructura implicada en esto. Sin embargo, para tener una idea clara de la función desde el punto de vista de la ingeniería, no es indispensable explicar la estructura inmediatamente. Yo buscaba una cosa y sólo una: *un proceso técnico con el cual se pudieran eliminar las aberraciones y se restaurara la capacidad potencial completa de la mente para computar.*

Si ese proceso implicaba la aceptación provisional de que las células humanas adquieren consciencia (en forma de engramas celulares) tan temprano como un día o dos después de la concepción, entonces, para nuestros propósitos, esa proposición puede y debe aceptarse. Si hubiera sido necesario retroceder a través de dos mil años de memoria genética, yo aún estaría retrocediendo en busca de ese primer engrama; pero por fortuna, no hay memoria genética como tal.

Sí hay, en cambio, algo que la mente del individuo considera como engramas prenatales. Y cualquiera que lo desee puede discutir su realidad objetiva; la realidad subjetiva de estos engramas está más allá de la discusión: tanto así, que el proceso funciona única e *invariablemente cuando* aceptamos la realidad de esas memorias prenatales. Estamos buscando un proceso que cure aberraciones, no una explicación del Universo, de la función de la Vida ni ninguna otra cosa. Por lo tanto, aceptamos como postulado funcional (porque funciona) que *los engramas prenatales se graban ya veinticuatro horas después de la concepción.*

La realidad objetiva se ha comprobado hasta donde lo permitieron el tiempo y los limitados medios. Y la realidad objetiva de los engramas prenatales es evidentemente muy válida. Cualquier psicólogo puede comprobarlo si conoce

"... el proceso funciona única e
invariablemente cuando aceptamos la
realidad de esas memorias prenatales".

la técnica de Dianética y puede encontrar un par de geme-
los a los que se separó al nacer. Pero aun si encontrara
discrepancias, persistiría el hecho puro y simple de que *no
se puede* rehabilitar a los individuos a menos que se acepten
los engramas prenatales.

¿Qué le sucede a un niño dentro de la matriz? Los hechos
más comunes son accidentes, enfermedades… *¡e intentos de
aborto!*

Llama a lo último AA (*Attempted Abortions, intentos de
aborto* en inglés). ¿Dónde recibe la gente las úlceras? Por lo
general, en el útero: AA. Hay un registro completo de todas
las percepciones hasta la última sílaba, material que puede
dramatizarse por completo. La parte principal de la prueba
es que elevar en la Escala Tonal el engrama de un incidente
de ese tipo *¡cura la úlcera!*

¿Cómo se cura el feto de todo ese daño? Pregúntale a un
médico de aquí a veinte años, yo tengo demasiado trabajo. Eso
es cuestión de estructura y ahora mismo todo lo que quiero
es un Clear.

¿Qué es esa tos crónica? Es la tos de mamá que comprimió
al bebé hasta causarle anatén cinco días después de concebirlo.
Ella decía: "duele" y "siempre ocurre así". Y así fue. ¿Qué es
la artritis? Daño fetal o embrionario.

Resulta, se sabe ahora, que un Clear puede controlar todos
los fluidos del cuerpo. En un aberrado, la mente reactiva lo
hace pésimamente. La mente reactiva dice que las cosas deben
ser de cierta manera, porque eso es supervivencia. Así que
un hombre genera un brazo atrofiado. Eso es supervivencia.
O tiene incapacidad para ver: ceguera histérica o verdadera.

Eso es supervivencia. Claro que lo es. Tiene mucho sentido. Tenía un engrama al respecto, ¿no?

¿Qué es la tuberculosis? Una predisposición del sistema respiratorio a la infección. ¿Qué es esto? ¿Qué es aquello? Ya tienes la proposición. Funciona. Las enfermedades psicosomáticas, la artritis, la impotencia, lo que sea, pueden desaparecer cuando se eliminan los engramas de raíz.

Esa fue la esencia del origen del proceso técnico. Al terminar la etapa de investigación, la aplicación real era la etapa que quedaba, y la recopilación de datos sobre la cuestión final de máxima importancia. El proceso funcionaba. De manera definitiva e inequívoca, funcionaba. Pero la plena definición de una ciencia requiere que permita una descripción exacta de cómo producir un resultado deseado *invariablemente.* ¿Funcionaría la técnica en todos los tipos de mente y en todos los casos?

Para 1950, se habían tratado a más de doscientos pacientes. De esas doscientas personas, se habían obtenido doscientas recuperaciones. Dianética es una ciencia porque siguiendo técnicas fácilmente prescritas que pueden enunciarse con precisión, fundamentadas en postulados básicos enunciados con claridad, puede obtenerse en cada caso un resultado descrito de forma específica. Es concebible que pueda haber excepciones en cuanto a la técnica elaborada hasta ahora, pero traté honestamente de encontrar excepciones y no las encontré. Por eso hice pruebas a tantos casos de tantos tipos diferentes. Y algunos de ellos eran casos realmente horribles.

¿Quién es un *aberrado*? Cualquiera que tenga uno o más engramas. Y puesto que el nacimiento en sí es una experiencia engrámica… ¡*todo ser humano que haya nacido tiene al menos un engrama!*

Según el hipnotizador, lo único que el mundo entero necesita es que se le hipnotice. Simplemente implántale a un hombre otro engrama, uno artificial, aunque sea un engrama maníaco (que lo haga sentirse "grande", "fuerte" o "poderoso", más todos los demás percépticos que contenga), y estará bien. Ese es el problema básico: la reducción del auto-determinismo. Así que no usamos hipnotismo. Además, no funciona en un porcentaje elevado de casos. Si has llegado hasta aquí sin darte cuenta de que lo que tratamos de hacer es despertar al analizador, has cometido el mismo error que cometí yo durante muchos meses. Traté de trabajar en esto con hipnosis. Bien, funciona de una manera errática. Pero cómo poner a dormir a una persona que ya está dormida al setenta y cinco por ciento, algo normal hasta donde pude descubrir, es un problema que ojalá pudiera resolverse. Aunque por fortuna no necesita solución.

El analizador se ponía a dormir con cada engrama. Cada engrama tenía *engramas candado;* engramas también, como él, pero posteriores a él. Y cada *cadena de engramas* (engramas de la misma clase; la gente tiene unas quince o veinte cadenas, como término medio, de diez a quince engramas por cadena) tiene unos mil candados. Hay personas desafortunadas que tienen cientos de engramas. Pueden estar cuerdas. Hay otras que tienen veinte engramas y están dementes. Hay gente que vive cuerda durante años, y de repente, al entrar en el entorno adecuado, se reestimula y enloquece. Y cualquiera a quien se le haya reestimulado un engrama en su totalidad, ha estado loco *(vox populi)* al menos una vez, aunque sólo sea durante diez minutos.

Cuando empezamos a tratar a un paciente, estamos tratando a un analizador parcialmente dormido. Y el problema es despertarlo en el primer engrama y luego borrar (así es, *borrar;* desaparecen del banco reactivo al relatarlos una y otra vez con cada uno de los percépticos) todos los engramas posteriores. Los candados vuelan sin necesidad de tocarlos, al funcionar la Doctrina del Dato Verdadero a toda máquina, y al negarse el analizador a tolerar algo que repentinamente nota que es un sinsentido. Despertamos al paciente con drogas: Benzedrina, cafeína... se inventarán mejores drogas. Y en cuanto recupera suficiente función mental para regresar un poco a su pasado, empieza a aliviarse. Entonces averiguamos por fin la trama de la mente reactiva (por qué tenía que seguir estando aberrado) y volamos los demonios (trastornando los circuitos), y de repente llegamos al *básico-básico:* el primer engrama. Luego avanzamos relatando una y otra vez cada engrama, hasta que vuela y se vuelve a archivar como *experiencia,* y no como una *orden.*

Un Clear tiene recuerdo de regresión. La personalidad básica, en un aberrado, no es lo bastante fuerte para retroceder, así que usamos lo que llamamos *reverie de Dianética.*

Encontramos la razón de que la narcosíntesis sea tan descuidada. Reestimula del todo el engrama que está reestimulado parcialmente, y hace que todo el engrama tenga un key-in. Las drogas desconectan el *somático,* dolor físico, de tal modo que no se va del todo. Y la narcosíntesis no tiene oportunidad de retroceder lo suficiente como para llegar al básico-básico y el engrama que alcance fingirá borrarse y luego resurgirá en un plazo de entre sesenta horas y sesenta días.

¿Hay algo en especial que entorpezca un caso? Sí, la *computación de compasión*. El paciente tenía fuertes antecedentes engrámicos, luego se rompió una pierna y obtuvo compasión. A partir de eso tiende a ir por ahí con una pierna rota simulada... una artritis, etc., etc. A veces estas son difíciles de resolver, pero es lo primero que debería resolverse. Hace que un paciente "quiera estar enfermo". La enfermedad, según dicta la mente reactiva, tiene un alto valor de supervivencia. Así que toma las medidas necesarias para que el cuerpo esté enfermo, muy enfermo. Por lo general, los aliados son abuelas que protestaron en contra de que se abortara al niño (después de que se hiciera el intento, con el niño escuchando sin conocer las palabras en ese momento, aunque las sabrá cuando aprenda sus primeras palabras), las enfermeras que fueron muy amables y los médicos que regañaron a mamá, etc., etc. Por lo general el paciente tiene una enorme carga de desesperación en torno a la pérdida de un aliado. Eso entorpecerá el caso.

Hemos dejado totalmente de lado la manera en que esto se relaciona con la psicología moderna. Después de todo, la psicología tiene etiquetas para muchos estados observados. ¿Qué sucede con la esquizofrenia, por ejemplo?

Es una *valencia*. Un aberrado tiene una valencia para cada persona de cada engrama. Básicamente tiene tres: él mismo, la madre y el padre. Todo engrama tiene personajes dramáticos. Una valencia se desarrolla en la mente reactiva y compartimenta una parte, absorbiendo parte del analizador, que la reestimulación hace que deje de funcionar. La valencia múltiple es común en todo aberrado. La valencia de todo aberrado cambia día a día, según con quién se encuentre.

Él trata de adoptar la valencia más fuerte en toda dramatización engrámica. Adoptar esta valencia es la máxima computación de supervivencia que puede hacer la mente reactiva: *ganar siempre*. Si interrumpes la dramatización, obligas al paciente a entrar en otra valencia. Si le obligas a ser él mismo en ese engrama, es probable que caiga en anatén o se ponga enfermo. Si continúas interrumpiendo sus dramatizaciones, sufrirá un desajuste mental.

¿Quiénes practicarán Dianética? En casos graves, los médicos. Estos están bien formados en el arte de curar; siempre están siendo bombardeados con situaciones psicosomáticas y mentales. El médico, como el ingeniero, tiene cierta necesidad de obtener resultados. Hay varios métodos de alivio que funcionarán en unas pocas horas, ayudarán a eliminar una enfermedad crónica en un niño, cambiarán valencias, cambiarán la posición de una persona en la línea temporal (la gente se queda atrapada en diversos lugares donde la orden dice que se quede atrapada), alterarán la pauta de dramatización y en general manejarán al aberrado enfermo.

Sin embargo, en los casos generales (personas psicóticas, neuróticas o simplemente subóptimas), es probable que Dianética la practiquen personas inteligentes y con buen impulso dinámico hacia sus amigos y familiares. Conociendo todos los axiomas y mecanismos es fácil aplicar Dianética al individuo más o menos normal y se pueden aliviar sus oclusiones, resfriados, artritis y otros males psicosomáticos. Se puede usar también para impedir que ocurran aberraciones e incluso se puede aplicar para determinar las reacciones de otros.

Aunque los fundamentos y los mecanismos son sencillos y, con un poco de estudio, muy fáciles de aplicar, es peligroso tener sólo información parcial. La técnica puede ser el material del que está hecha la cordura. Pero estamos, después de todo, entablando combate contra el material en sí que crea la locura, y uno al menos debería informarse con unas cuantas horas de estudio antes de ponerse a experimentar[*].

_____

[*]El libro *Dianética: La Ciencia Moderna de la Salud Mental* es el manual completo del procedimiento de Dianética.

EPÍLOGO

EPÍLOGO

HE HABLADO AQUÍ DE LA evolución de Dianética. En realidad, me he concentrado en Dianética Irregular. Hay Dianética Médica, Dianética Dinámica (impulsos dinámicos y estructura), Dianética Política, Dianética Militar, Dianética Industrial, etc., etc., y la no menos importante, *Dianética Preventiva*. De ésta puede depender la solución final para la sociedad.

Y ahora como epílogo, se resume Dianética en su forma funcional actual. Logra lo siguiente, basándose en una amplia serie de casos:

1. Dianética es una ciencia organizada del pensamiento, construida sobre axiomas definidos; parece revelar la existencia de leyes naturales mediante las cuales se puede causar o predecir de manera uniforme el comportamiento del organismo o de la sociedad.

2. Dianética ofrece una técnica terapéutica con la que podemos tratar todos los males mentales inorgánicos y los psicosomáticos orgánicos. Produce una estabilidad mental en el paciente llevado a Clear que está muy por encima de la norma actual. (Esta afirmación sigue siendo exacta; se admite que un trabajo posterior pueda demostrar que un caso en particular, en alguna parte, pueda no responder completamente).

3. En Dianética tenemos un método de desplazar el tiempo diferente al de la narcosíntesis o al de la hipnosis, denominado reverie de Dianética; con él, el paciente puede llegar a incidentes que hasta entonces estaban ocultos para él, borrando de su vida el dolor físico y mental.

4. Dianética nos da una profunda comprensión de las capacidades potenciales de la mente.

5. Dianética revela la naturaleza básica del Hombre y sus propósitos e intenciones, con el descubrimiento de que estos son básicamente constructivos y no malvados.

6. Dianética nos permite apreciar la magnitud de los sucesos necesarios para aberrar a un individuo.

7. Con Dianética descubrimos la naturaleza de la experiencia prenatal y su efecto exacto en el individuo postnatal.

8. Dianética descubrió los verdaderos factores aberrativos del nacimiento.

9. Dianética aclara la totalidad del problema de la "inconsciencia", y demuestra de forma concluyente que no existe la "inconsciencia total", salvo en la muerte.

10. Dianética demuestra que todas las memorias, de cualquier clase, se registran en su totalidad y se retienen.

11. Dianética demuestra que las memorias aberrativas se encuentran únicamente en áreas de "inconsciencia" y que, a la inversa, únicamente las memorias "inconscientes" son capaces de aberrar.

12. Dianética abre amplias vías a la investigación y plantea numerosos problemas para su solución. Un campo nuevo, por ejemplo, es la subciencia de los percépticos: la estructura y la función de percibir e identificar estímulos.

13. Dianética expone la teoría no microbiana de la enfermedad, abarcando, según estimación de médicos competentes, la explicación de nada menos que un 70 por ciento de los estados patológicos del Hombre.

14. Dianética ofrece la esperanza de que la destrucción de la función cerebral, mediante choque o cirugía, deje de ser un mal necesario.

15. Dianética ofrece una explicación funcional de los diversos efectos fisiológicos de las drogas y las sustancias endocrinas y señala numerosas respuestas a problemas endocrinos anteriores.

16. Dianética proporciona una explicación más fundamental de los usos, principios y bases del hipnotismo y otros fenómenos mentales similares.

17. Para resumir, Dianética propone y apoya de forma experimental un nuevo punto de vista respecto al Hombre y su comportamiento. Conlleva la necesidad de una nueva clase de salud mental. Indica un nuevo método de enfoque para la solución de problemas que afrontan los gobiernos, las instituciones sociales, las industrias y, en resumen, cualquier cosa que el Hombre trate de llevar a cabo. Sugiere nuevos campos de investigación. Finalmente, ofrece una chispa de esperanza de que el Hombre pueda continuar su proceso evolutivo hacia un organismo superior sin desviarse hacia el peligro de su propia destrucción.

Esta es una parte de la historia de la investigación. La escribí así para ustedes porque tienen mentes con las que pensar. Para publicaciones estrictamente profesionales, puedo presentarla mejor, la presentaré mejor y la he presentado mejor, así de exacta es. Muchos de ustedes han leído mis relatos durante años.

Nos conocemos mutuamente. Y les he contado la historia tal y como sucedió y les he entregado los resultados principales exactamente como se produjeron. Muchos de ustedes son ingenieros. Pensé que disfrutarían viendo cómo se construía la estructura.

El maleficio de la Tierra no resultó ser una barrera siniestra. Pero es un maleficio de todos modos. Las aberraciones sociales y personales, viajando desde los tiempos de Egipto y antes, amontonándose más y más, sólo rotas por nuevos territorios y nuevas razas mestizas.

El maleficio es la esclavitud. Los esfuerzos del Hombre por esclavizar al Hombre para que el Hombre pueda ser libre. Ecuación incorrecta. Ese es el maleficio. Nosotros tenemos una palabra mágica para romperlo y una ciencia que aplicar.

Allá arriba están las estrellas. Abajo, en el arsenal, hay una bomba atómica.

¿Cuál va a ser?

"*Allá arriba están las estrellas. Abajo, en el arsenal, hay una bomba atómica. ¿Cuál va a ser?*".

APÉNDICE

ESTUDIO ADICIONAL
LIBROS Y CONFERENCIAS POR L. RONALD HUBBARD

Los materiales de Dianética y Scientology componen el conjunto más grande de información jamás reunido sobre la mente, el espíritu y la vida, rigurosamente perfeccionado y sistematizado por L. Ronald Hubbard durante cinco décadas de búsqueda, investigación y desarrollo. Los resultados de ese trabajo están contenidos en cientos de libros y más de 3,000 conferencias grabadas. En cualquier Iglesia u Organización de Publicaciones de Scientology, se puede conseguir una lista y descripción completas de todas ellas, incluyendo las ediciones traducidas disponibles en tu idioma. (Véase la *Guía de los Materiales*).

Los libros y las conferencias mencionados a continuación forman los cimientos sobre los que se ha construido el Puente a la Libertad. Aparecen en la secuencia en que Ronald los escribió o los hizo disponibles. En muchos casos, Ronald dio una serie de conferencias inmediatamente después del lanzamiento de un libro nuevo para proporcionar una explicación y comprensión adicionales de estos hitos. Gracias a esfuerzos monumentales de traducción, esas conferencias están ahora disponibles y aparecen aquí junto con el libro que las acompaña.

Mientras que los libros de Ronald contienen los resúmenes de los avances sensacionales y de las conclusiones a medida que aparecían en el curso de la investigación y desarrollo, sus conferencias proporcionan el registro diario de la investigación y explican los pensamientos, conclusiones, pruebas y demostraciones que hay a lo largo de ese camino. En lo que a eso respecta, son el registro completo de todo el curso de la investigación, que proporcionan no sólo los avances sensacionales más importantes en la historia del Hombre, sino también el *porqué* y el *cómo* Ronald llegó a ellos.

Una ventaja importante del estudio cronológico de estos libros y conferencias es la inclusión de las palabras y términos que, cuando se usaron originalmente, se definieron con considerable exactitud por LRH. Más allá de una mera "definición", hay conferencias enteras dedicadas a la descripción completa de cada nuevo término de Dianética y Scientology: que hizo posible el descubrimiento, su aplicación en la auditación así como su aplicación a la vida en sí. Como resultado, uno no deja detrás ningún malentendido, obtiene una comprensión conceptual completa de Dianética y Scientology y capta los temas a un nivel que de otra manera es imposible.

A través de un estudio en secuencia, puedes ver cómo progresaba el tema y reconocer los niveles más altos de desarrollo. La lista de los libros y conferencias que se presenta a continuación muestra dónde encaja *Dianética: La Evolución de una Ciencia* en la línea de desarrollo. A partir de ahí puedes determinar tu *siguiente* paso o cualesquiera libros o conferencias anteriores que hayas podido pasar por alto. Entonces serás capaz de rellenar los huecos, no sólo adquiriendo conocimiento de cada descubrimiento, sino una mayor comprensión de lo que ya hayas estudiado.

Este es el camino hacia saber cómo saber que abre las puertas a tu futura eternidad. Síguelo.

DIANÉTICA: LA TESIS ORIGINAL • La *primera* descripción de Dianética que hizo Ronald. Originalmente estuvo en circulación en forma de manuscrito, fue copiada rápidamente y se pasó de mano en mano. Al correrse la voz se creó tal demanda de información adicional que Ronald concluyó que la única manera de responder a las preguntas era con un libro. Ese libro fue Dianética: La Ciencia Moderna de la Salud Mental, que ahora es el libro de autoayuda más vendido de todos los tiempos. Descubre qué comenzó todo. Pues estos son los cimientos sólidos de los descubrimientos de Dianética: los *Axiomas Originales*, el *Principio Dinámico de la Existencia,* la *Anatomía de la Mente Analítica y de la Mente Reactiva,* las *Dinámicas,* la *Escala Tonal,* el *Código del Auditor* y la primera descripción de un *Clear.* Aún más, estas son las leyes primarias que describen *cómo* y *por qué* funciona la auditación. Sólo se encuentra aquí, en Dianética: La Tesis Original.

DIANÉTICA: LA EVOLUCIÓN DE UNA CIENCIA • *(Este Libro)* Esta es la historia de *cómo* Ronald descubrió la mente reactiva y desarrolló los procedimientos para deshacerse de ella. Escrito originalmente para una revista nacional, publicado para que coincidiera con la publicación de Dianética: La Ciencia Moderna de la Salud Mental, inició un movimiento que se extendió como reguero de pólvora, casi de la noche a la mañana, tras la publicación de ese libro. Por tanto, aquí se encuentran, tanto los fundamentos de Dianética como el único informe del viaje de descubrimientos de Ronald a lo largo de dos décadas y de la manera en que aplicó la metodología científica a los problemas de la mente humana. Lo escribió para que lo supieras. Por eso, este libro es de lectura obligada para todo dianeticista y scientologist.

DIANÉTICA: LA CIENCIA MODERNA DE LA SALUD MENTAL • El inesperado acontecimiento que inició un movimiento mundial. Pues aunque Ronald había anunciado previamente su descubrimiento de la mente reactiva, eso sólo había avivado el fuego de los que querían más información. Más concretamente: era humanamente imposible que un hombre llevara a Clear a todo un planeta. Ronald proporcionó el manual completo del procedimiento de Dianética, que abarcaba todos sus descubrimientos anteriores y las historias de caso de la aplicación de esos avances sensacionales, para entrenar auditores a usarlos en todas partes. Habiendo sido un best-seller durante más de medio siglo y habiéndose impreso decenas de millones de ejemplares, Dianética: La Ciencia Moderna de la Salud Mental se ha traducido a más de cincuenta idiomas y se usa en más de 100 países de la Tierra; es sin discusión el libro más leído y más influyente sobre la mente humana que se haya escrito jamás. Y por eso siempre se le conocerá como el *Libro Uno.*

CONFERENCIAS Y DEMOSTRACIONES DE DIANÉTICA • Inmediatamente después de la publicación de *Dianética,* LRH comenzó a dar conferencias en auditorios atestados de gente por todo Estados Unidos. Aunque se dirigía a miles de personas al mismo tiempo, la demanda siguió creciendo. Para satisfacer esa demanda, se grabó su presentación en Oakland, California. En estas cuatro conferencias, Ronald relató los acontecimientos que provocaron su investigación, y su viaje personal hacia sus descubrimientos pioneros. Después continuó con una demostración personal de auditación de Dianética: la única demostración de Libro Uno que hay disponible. *4 conferencias.*

CONFERENCIAS DEL CURSO PROFESIONAL DE DIANÉTICA: *UN CURSO ESPECIAL PARA AUDITORES DE LIBRO UNO* • Tras seis meses de viajar de costa a costa, dando conferencias a los primeros dianeticistas, Ronald reunió a los auditores en Los Ángeles para un nuevo Curso Profesional. El tema era su siguiente descubrimiento arrollador acerca de la vida: el *Triángulo ARC,* que describe la interrelación de la *Afinidad,* la *Realidad* y la *Comunicación.* A lo largo de una serie de quince conferencias, LRH anunció muchas primicias, incluyendo el *Espectro de la Lógica,* que contiene una infinidad de gradientes desde lo correcto hasta lo incorrecto; el *ARC y las Dinámicas;* las *Escalas Tonales de ARC;* el *Código del Auditor* y cómo se relaciona con el ARC; y la *Tabla de Accesibilidad,* que clasifica un caso y dice cómo procesarlo. Aquí están, entonces, tanto la declaración final sobre los Procedimientos de Auditación del Libro Uno como el descubrimiento que serviría de base para toda la investigación posterior. Durante más de cincuenta años se pensó que los datos de estas conferencias se habían perdido y que sólo estaban disponibles en notas de estudiantes publicadas en Notas sobre las Conferencias. Ahora se han descubierto las grabaciones originales, lo que ha hecho que estén ampliamente disponibles por vez primera. La vida en su estado más elevado, la *Comprensión,* está compuesta de Afinidad, Realidad y Comunicación. Y como dijo LRH: la mejor descripción del Triángulo de ARC que se puede encontrar está en estas conferencias. *15 conferencias.*

LA CIENCIA DE LA SUPERVIVENCIA: *LA PREDICCIÓN DEL COMPORTAMIENTO HUMANO* • El libro más útil que tendrás jamás. Desarrollado en torno a la *Tabla Hubbard de Evaluación Humana,* La Ciencia de la Supervivencia proporciona la primera predicción exacta del comportamiento humano. Esta tabla incluye todas las manifestaciones del potencial de supervivencia de un individuo, graduadas desde la más alta hasta la más baja, lo que hace que este sea el libro completo sobre la Escala Tonal. Conociendo sólo una o dos características de una persona y usando esta tabla, puedes trazar su posición en la Escala Tonal, y de este modo conocer las demás, y obtener así un índice exacto de *toda* su personalidad, conducta y carácter. Antes de este libro el mundo estaba convencido de que los casos no podían mejorar, sino sólo deteriorarse. La Ciencia de la Supervivencia presenta la idea de diferentes estados de caso y la idea completamente nueva de que uno puede subir por la Escala Tonal. Y ahí se encuentra la base de la actual Tabla de Grados.

CONFERENCIAS DE LA CIENCIA DE LA SUPERVIVENCIA • Como fundamento del desarrollo de la Escala Tonal y la Tabla de Evaluación Humana había un descubrimiento monumental: La *Teoría Theta–MEST,* contiene la explicación de la interrelación entre la Vida *(theta)* con el universo físico de Materia, Energía, Espacio y Tiempo: MEST. En estas conferencias, impartidas a los estudiantes inmediatamente después de la publicación del libro, Ronald dio la más amplia descripción de todo lo que hay detrás de la Tabla de Evaluación Humana y su aplicación a la vida en sí. Además, también incluye la explicación de cómo la proporción entre *theta* y *entheta (theta enturbulada)* determina la posición de alguien en la Escala Tonal y los medios para ascender a los estados más altos. *4 conferencias.*

AUTOANÁLISIS • Las barreras de la vida son en realidad simplemente sombras. Aprende a conocerte a ti mismo, no sólo una sombra de ti mismo. Contiene la más completa descripción de la consciencia, Autoanálisis te lleva a través de tu pasado, a través de tus potencialidades, de tu vida. En primer lugar, con una serie de autoexámenes y utilizando una versión especial de la Tabla Hubbard de Evaluación Humana, te sitúas en la Escala Tonal. Después, aplicando una serie de procesos ligeros, aunque poderosos, te embarcas en la gran aventura del autodescubrimiento. Este libro contiene también principios globales que alcanzan a *cualquier* caso, desde el más bajo hasta el más elevado, incluyendo técnicas de auditación tan eficaces que Ronald se refiere a ellas una y otra vez, durante todos los años siguientes de investigación en los estados más elevados. En resumen, este libro no sólo eleva a la persona en la Escala Tonal, sino que puede sacarla casi de cualquier cosa.

PROCEDIMIENTO AVANZADO Y AXIOMAS • Con los nuevos y sensacionales descubrimientos sobre la naturaleza y anatomía de los engramas: "Los engramas son efectivos sólo cuando el propio individuo determina que lo serán", vino el descubrimiento del uso por un ser de un *Facsímil de Servicio:* mecanismo empleado para explicar los fracasos en la vida, pero que luego encierra a una persona en pautas de comportamiento perjudiciales y fracaso adicional. En consecuencia, llegó un nuevo tipo de procesamiento dirigido al *Pensamiento, la Emoción* y *el Esfuerzo,* detallado en los "Quince Actos" del Procedimiento Avanzado, y orientado a la rehabilitación del *Auto-determinismo* del preclear. De aquí que este libro también contenga una explicación global y sin excusas posibles de la *Responsabilidad Total,* la clave para desatarlo todo. Más aún, aquí está la sistematización de las *Definiciones, Lógicas y Axiomas,* que proporcionan tanto el compendio de todo el tema como la dirección de toda la investigación futura. *Véase el Manual para Preclears, escrito como manual de auto-procesamiento que acompaña a Procedimiento Avanzado y Axiomas.*

 PENSAMIENTO, EMOCIÓN Y ESFUERZO • Con la sistematización de los Axiomas llegaron los medios para abordar puntos clave en un caso que podrían desenredar toda la aberración. *Postulados Básicos, Pensamiento Primario, Causa y Efecto,* y su efecto sobre cualquier cosa desde la *memoria y la responsabilidad* hasta el propio papel que juega un individuo en el hecho de conceder poder a los *engramas,* estos temas sólo se abordan en esta serie. También se incluye aquí la descripción más completa que existe del *Facsímil de Servicio,* y por qué su resolución elimina las incapacidades que el individuo se ha autoimpuesto. *21 conferencias.*

MANUAL PARA PRECLEARS • Los "Quince Actos" de Procedimiento Avanzado y Axiomas son paralelos a los quince Actos de Auto-procesamiento que se dan en el Manual para Preclears. Además, este libro contiene varios ensayos que dan la descripción más extensa del *Estado Ideal del Hombre*. Descubre por qué las pautas de comportamiento se vuelven tan sólidamente fijas; por qué parece que los hábitos no se pueden romper; cómo las decisiones de hace mucho tiempo tienen más poder sobre una persona que sus decisiones recientes; y por qué una persona mantiene en el presente experiencias negativas del pasado. Todo se explica claramente en la Tabla de Actitudes, un avance histórico sensacional que complementa la Tabla de Evaluación Humana, marcando el estado ideal de ser y las *actitudes* y *reacciones* de uno respecto a la vida. *El Manual para Preclears se usa en auto-procesamiento junto con Autoanálisis.*

LA CONTINUIDAD DE VIDA • Acosado por peticiones de conferencias acerca de sus últimos avances, Ronald respondió con todo lo que querían y más en la Segunda Conferencia Anual de Auditores de Dianética, que describe la tecnología que hay detrás de los pasos de auto-procesamiento del *Manual*, aquí está el *cómo* y el *porqué* de todo: el descubrimiento del *Continuum de Vida*, el mecanismo por el cual un individuo se ve compelido a continuar la vida de otro individuo que ha muerto o se ha marchado, generando en su propio cuerpo los padecimientos y hábitos del que partió. Combinadas con la instrucción del auditor sobre cómo usar la Tabla de Actitudes para determinar cómo iniciar cada caso en el gradiente correcto, aquí también, se dan instrucciones para la diseminación del Manual y por lo tanto, los medios para empezar el clearing a gran escala. *10 conferencias.*

SCIENTOLOGY: EL PRIMER HITO • Ronald empezó la primera conferencia de esta serie con seis palabras que podrían cambiar el mundo para siempre: "Este es un curso sobre *Scientology*". A partir de aquí, Ronald no sólo describió el enorme alcance del que hasta entonces era un tema completamente nuevo sino que también detalló sus descubrimientos sobre vidas pasadas. De ahí pasó a la descripción del primer E-Metro, y de su uso inicial para poner al descubierto la *línea theta* (la línea temporal completa de la existencia del thetán), como algo completamente distinto de la *línea genética del cuerpo* (línea temporal completa de los cuerpos y su evolución física), haciendo pedazos la mentira de la "vida única" y revelando la *línea temporal completa* de la existencia espiritual. Aquí está entonces el verdadero génesis de Scientology. *22 conferencias.*

LA RUTA AL INFINITO: CONFERENCIAS DE LA TÉCNICA 80 • Como Ronald explicó: "La Técnica 80 es la Técnica del *Ser o No Ser*". Con eso, dio a conocer la base crucial sobre la cual se apoyan la habilidad y la cordura: *la capacidad del ser para tomar una decisión.* Aquí están entonces: la anatomía del "quizás", las *Longitudes de Onda del ARC*, la *Escala Tonal de las Decisiones,* y los medios para rehabilitar la capacidad de un ser para Ser… casi *cualquier cosa. 7 conferencias. (Para la Técnica 88, se requiere tener conocimiento sobre la Técnica 80, como se describe en Scientology: Una Historia del Hombre; que viene a continuación).*

SCIENTOLOGY: UNA HISTORIA DEL HOMBRE • "Esta es una descripción verdadera y hecha con total frialdad de tus últimos 76 billones de años". Así empieza Una Historia del Hombre, anunciando la revolucionaria *Técnica 88,* que revela por vez primera la verdad acerca de la experiencia de la línea temporal completa y el enfoque exclusivo de la auditación en el thetán. Aquí está la historia desentrañada con el primer E-Metro, que define y describe los principales incidentes en la línea temporal completa que se pueden encontrar en cualquier ser humano: los *implantes electrónicos,* las *entidades,* la *línea temporal genética,* los *incidentes de entre-vidas, cómo evolucionaron los cuerpos y por qué te quedaste atrapado en ellos;* todos ellos se detallan aquí.

TÉCNICA 88: INCIDENTES EN LA LÍNEA TEMPORAL ANTES DE LA TIERRA • "La Técnica 88 es la técnica más hiperbólica, efervescente, espectacular, inexagerable, ambiciosa, superlativa, grandiosa, colosal y espléndida que la mente del Hombre pudiera imaginablemente abarcar. Es tan grande como la línea temporal completa y todos los incidentes en ella. Es aquello a lo que la aplicas; es lo que ha estado ocurriendo. Contiene los enigmas y secretos, los misterios de todos los tiempos. Podrías resaltar el nombre de esta técnica como hacen con las atracciones de las ferias, pero nada que pudieras decir, ningún adjetivo que pudieras usar, describiría adecuadamente ni siquiera una pequeña fracción de ella. No sólo aporrea la imaginación; te hace avergonzarte de imaginar cualquier cosa", es la introducción que Ronald hace de esta serie de conferencias que nunca antes había estado disponible, y que desarrolla todos los demás temas que aparecen en Una Historia del Hombre. Lo que te espera es la propia línea temporal completa. *15 conferencias.*

SCIENTOLOGY 8-80 • La *primera* explicación de la electrónica del pensamiento humano y del fenómeno de la energía en cualquier ser. Descubre cómo incluso las leyes del movimiento del universo físico tienen su reflejo en un ser, por no mencionar la electrónica de la aberración. Aquí está la unión entre theta y MEST revelando qué *es* la energía, y cómo la *creas.* Fue este avance sensacional lo que puso de manifiesto el tema de los *flujos* del thetán, lo que a su vez se aplica en *cada* proceso de auditación hoy en día. En el título del libro: "8-8" significa *Infinito-Infinito,* y "0" representa al estático, *theta.* Se incluyen las *Longitudes de Onda de la Emoción, la Estética, la Belleza y la Fealdad, el Flujo de Entrada y el de Salida* y la *Escala Tonal por Debajo de Cero,* que es aplicable sólo al thetán.

LA FUENTE DE LA ENERGÍA DE LA VIDA • Comenzando con el anuncio de su nuevo libro, Scientology 8-80, Ronald no sólo dio a conocer sus grandes avances sensacionales sobre theta como Fuente de la Energía de la Vida, sino que detalló los *Métodos de Investigación* que utilizó para hacer ese y todos los demás descubrimientos de Dianética y Scientology: las *Qs* y las *Lógicas;* métodos de *pensar* aplicables a cualquier universo o proceso de pensamiento. De modo que aquí se encuentran ambos: *cómo pensar* y *cómo evaluar todos los datos y el conocimiento,* y por lo tanto, el eje para la comprensión total tanto de Scientology como de la vida en sí. *14 conferencias.*

ESTUDIO
ADICIONAL

EL MANDO DE THETA • Mientras estaba preparando su nuevo libro y el Curso de Doctorado que estaba a punto de dar, Ronald reunió a los auditores para un nuevo Curso Profesional. Como dijo: "Por primera vez con esta clase, estamos dando pasos que van más allá de la palabra *Supervivencia*". Desde esa posición de ventaja, el Mando de Theta da la tecnología que tiende un puente al conocimiento desde 8-80 hasta 8-8008, y proporciona la primera explicación completa sobre el tema de la *Causa* y un cambio permanente de orientación en la vida de MEST a *Theta*. *10 conferencias.*

SCIENTOLOGY 8-8008 • La descripción completa del comportamiento y potenciales de un *thetán*, y el libro de texto para las conferencias del Curso de Doctorado de Filadelfia y Los Factores: Admiración y el Renacimiento del Beingness. Como dijo Ronald, el título del libro sirve para fijar en la mente del individuo una ruta por la cual se puede rehabilitar a sí mismo, sus capacidades, su ética y sus metas: el logro del *infinito* (8) mediante la reducción del *infinito* aparente (8) del universo MEST a *cero* (0) y el incremento del *cero* aparente (0) del universo propio hasta el *infinito* (8). Aquí se encuentran condensadas más de 80,000 horas de investigación, con un resumen y una ampliación de cada descubrimiento realizado hasta esa fecha y la trascendencia total que tienen esos avances sensacionales desde la nueva posición de ventaja del *Thetán Operante.*

CONFERENCIAS DEL CURSO DE DOCTORADO DE FILADELFIA • Esta renombrada serie se yergue como el conjunto más grande de trabajo sobre la anatomía, el comportamiento y las potencialidades del espíritu del Hombre que jamás se haya reunido, proporcionando los fundamentos en que se basa la ruta hacia Thetán Operante. Aquí se encuentran con todo detalle la relación del thetán con la *creación, el mantenimiento* y *la destrucción de universos.* Tan sólo en lo que a eso se refiere, aquí está la *anatomía* de la materia, la energía, el espacio y el tiempo, y de cómo *postular* universos haciendo que existan. Aquí está también la caída del thetán desde las capacidades de la línea temporal completa, y las *leyes universales* por las cuales se restauran. En resumen, aquí está la sistematización de Ronald de los niveles más altos del beingness y el comportamiento de theta. En una conferencia tras otra desarrolla completamente cada concepto del libro de texto del curso: Scientology 8-8008, proporcionando el alcance total que *tú* tienes en el estado nativo. *76 conferencias y se adjuntan las reproducciones de los 54 diagramas originales de las conferencias hechos a mano por LRH.*

LOS FACTORES: ADMIRACIÓN Y EL RENACIMIENTO DEL BEINGNESS • Tras establecer completamente las *potencialidades* de un thetán, vino una mirada hacia afuera que tuvo como resultado el monumental descubrimiento de Ronald de un *solvente universal* y las leyes básicas del *universo* theta, leyes que, siendo bastante literales, son superiores a cualquier cosa: *Los Factores: Resumen de las Consideraciones del Espíritu Humano y el Universo Material.* Tan espectaculares fueron estos avances, que Ronald expandió el libro Scientology 8-8008, clarificando descubrimientos previos y añadiendo capítulo tras capítulo que, estudiado con estas conferencias, proporciona un nivel de postgraduado al Curso de Doctorado. Aquí están, pues, las conferencias que contienen el conocimiento de la *verdad universal*, desentrañando el enigma de la creación en sí. *18 conferencias.*

La Creación de la Habilidad Humana: *Un Manual para Scientologists* • Inmediatamente después del descubrimiento del Thetán Operante vino un año de investigación intensiva, para explorar el ámbito de un *thetán exterior.* A base de auditación e instrucción, además de 450 conferencias en este mismo lapso de doce meses, Ronald sistematizó todo el tema de Scientology. Y todo está incluido en este manual, desde un *Resumen de Scientology* hasta los fundamentales *Axiomas* y *Códigos.* Además, aquí está el *Procedimiento Intensivo* que contiene los afamados Procesos de Exteriorización de la *Ruta 1* y *la Ruta 2,* procesos diseñados directamente a partir de los Axiomas. Cada uno está descrito en detalle: *cómo* se utiliza el proceso, *por qué* funciona, la tecnología axiomática que subyace a su uso, y la explicación completa de cómo un ser puede romper los *acuerdos falsos* y las *barreras autocreadas* que lo esclavizan al universo físico. En resumen, este libro contiene el sumario definitivo de la habilidad OT de un thetán exterior y su consecución de forma permanente.

🎤 **Las Conferencias de Phoenix: La Liberación del Espíritu Humano** • Aquí se encuentra la visión panorámica completa de Scientology. Habiendo sistematizado el tema de Scientology en La Creación de la Habilidad Humana, Ronald impartió entonces una serie de conferencias de media hora para acompañar específicamente a un estudio completo del libro. Desde los puntos *esenciales* que subyacen a la tecnología: *los Axiomas, las Condiciones de la Existencia y las Consideraciones y los Factores Mecánicos,* hasta los procesos del *Procedimiento Intensivo,* incluyendo doce conferencias que describen uno a uno los procesos del thetán exterior de la *Ruta 1,* todo está tratado por completo, suministrando una comprensión conceptual de *la ciencia del conocimiento* y *la habilidad OT del estado nativo.* Por tanto, aquí están los principios que forman los fundamentos sólidos sobre los que descansa todo lo demás en Scientology, incluyendo la integradora exposición de la religión y su patrimonio: *Scientology, Sus Antecedentes Generales.* Por tanto, esta es la serie de conferencias decisivas sobre la propia Scientology, y los fundamentos axiomáticos para toda búsqueda futura. *42 conferencias.*

¡Dianética 55!: *El Manual Completo de la Comunicación Humana* • Junto con todos los sensacionales descubrimientos logrados hasta la fecha, se había aislado un factor único que era igual de crucial para el éxito en todo tipo de auditación. Como dijo LRH: "La comunicación es tan absolutamente importante hoy en día en Dianética y Scientology, (como lo ha sido siempre en la línea temporal completa), que se podría decir que si pusieras a un preclear en comunicación, lo pondrías bien". Y este libro traza la anatomía y fórmulas *exactas,* pero anteriormente desconocidas, de la comunicación *perfecta.* La magia del ciclo de comunicación es *el* fundamento de la auditación y la razón primordial de que la auditación funcione. Los sensacionales avances que hay aquí abrieron nuevas perspectivas a la aplicación; descubrimientos de tal magnitud que LRH llamó a ¡Dianética 55! el *Libro Segundo* de Dianética.

🎤 **El Congreso de Unificación: ¡Comunicación! Libertad y Capacidad** • El histórico Congreso que anunció la reunificación de los temas de Dianética y Scientology con la presentación de *¡Dianética 55!* Hasta ahora, cada una había actuado en su propia esfera: Dianética se dirigía al Hombre *como Hombre,* las primeras cuatro dinámicas, mientras que Scientology se dirigía a la *vida en sí,* las Dinámicas de la Cinco a la Ocho. La fórmula que serviría como fundamento para todo el desarrollo futuro estaba contenida en una simple palabra: *Comunicación.* Fue un avance capital, al que Ronald llamaría más adelante, "el gran avance sensacional de Dianética y Scientology". Aquí están las conferencias de cuando ocurrió. *16 conferencias y las reproducciones adjuntas de los diagramas originales de las conferencias hechos a mano por LRH.*

SCIENTOLOGY: LOS FUNDAMENTOS DEL PENSAMIENTO – *EL LIBRO BÁSICO DE LA TEORÍA Y LA PRÁCTICA DE SCIENTOLOGY PARA PRINCIPIANTES* • Designado por Ronald como el *Libro Uno de Scientology.* Tras haber unificado y sistematizado completamente los temas de Dianética y Scientology, llegó el perfeccionamiento de sus *fundamentos.* Publicado originalmente como un resumen de Scientology para su uso en traducciones a lenguas distintas al inglés, este libro es de valor incalculable tanto para el estudiante novicio de la mente, el espíritu y la vida, como para el avanzado. Equipado únicamente con este libro, uno puede comenzar una consulta y producir aparentes milagros y cambios en los estados de bienestar, capacidad e inteligencia de la gente. Contiene *las Condiciones de la Existencia, las Ocho Dinámicas, el Triángulo de ARC, Las Partes del Hombre,* el análisis completo de *la Vida como un Juego,* y más, incluyendo procesos exactos para la aplicación de estos principios en el procesamiento. De modo que aquí, en un libro, está el punto de partida para llevar Scientology a la gente en todas partes.

LAS CONFERENCIAS DEL CURSO PROFESIONAL HUBBARD • Si bien Los Fundamentos del Pensamiento es una introducción al tema para principiantes, también contiene una síntesis de los fundamentos para cada scientologist. Aquí están las descripciones profundas de esos fundamentos, cada conferencia es de media hora de duración y proporciona, uno por uno, un dominio completo de cada avance sensacional de Scientology: *Los Axiomas del 1 al 10; La Anatomía del Control; el Manejo de Problemas; Comenzar, Cambiar y Parar;* la *Confusión y el Dato Estable; Exteriorización; Valencias* y más: el *porqué* detrás de ellos, *cómo* es que ocurrieron y sus factores mecánicos. Y todo está unido por el *Código del Scientologist,* punto por punto, y su uso para crear realmente una nueva civilización. En pocas palabras, aquí están las conferencias de LRH que producen un *Scientologist Profesional,* alguien que puede aplicar el tema a todos los aspectos de la vida. *21 conferencias.*

LIBROS ADICIONALES QUE CONTIENEN LOS ELEMENTOS ESENCIALES DE SCIENTOLOGY

TRABAJO

LOS PROBLEMAS DEL TRABAJO: *SCIENTOLOGY APLICADA AL MUNDO DEL TRABAJO COTIDIANO* • Habiendo sistematizado todo el tema de Scientology, Ronald comenzó de inmediato a proporcionar el manual del *principiante* para que cualquiera lo aplicara. Como él lo describió: la vida está compuesta de siete décimas partes de trabajo, una décima parte de familia, una décima parte de política y una décima parte de descanso. Aquí está la aplicación de Scientology a esas siete décimas partes de la existencia incluyendo las respuestas al *Agotamiento* y el *Secreto de la Eficiencia.* Aquí está también el análisis de la vida en sí: un juego compuesto de reglas exactas. Si las conoces prosperas. Los Problemas del Trabajo contiene la tecnología sin la que nadie puede vivir, y que la pueden aplicar inmediatamente tanto scientologists, como los neófitos en el tema.

LOS FUNDAMENTOS DE LA VIDA

SCIENTOLOGY: UN NUEVO PUNTO DE VISTA SOBRE LA VIDA • Los elementos esenciales de Scientology para cada aspecto de la vida. Las respuestas básicas que te ponen en control de tu existencia, verdades para consultar una y otra vez: *¿Es Posible Ser Feliz?, Dos Reglas para una Vida Feliz, Integridad Personal, La Personalidad Anti-Social* y muchas más. En cada parte de este libro encontrarás verdades de Scientology que describen las condiciones de tu vida y proporcionan modos *exactos* para cambiarlas. Scientology: Un Nuevo Punto de Vista Sobre la Vida contiene un conocimiento que es fundamental para cada scientologist y una introducción perfecta para cualquier neófito en el tema.

AXIOMAS, CÓDIGOS Y ESCALAS

SCIENTOLOGY 0-8: EL LIBRO DE LOS FUNDAMENTOS • El compañero de *todos* los libros, conferencias y materiales de Ronald. Este es *el* Libro de los Fundamentos, que incluye datos indispensables que consultarás constantemente: los *Axiomas de Dianética y Scientology; Los Factores;* una recopilación completa de todas las *Escalas,* más de 100 en total; listas de los *Percépticos* y *Niveles de Consciencia;* todos los *Códigos* y *Credos* y mucho más. En este único libro se condensan las leyes superiores de la existencia, extraídas de más de 15,000 páginas de escritos, 3,000 conferencias y docenas de libros.

LA ÉTICA DE SCIENTOLOGY: LA TECNOLOGÍA DE LA SUPERVIVENCIA ÓPTIMA

INTRODUCCIÓN A LA ÉTICA DE SCIENTOLOGY • Una nueva esperanza para el Hombre llega con la primera tecnología funcional de la ética, una tecnología para ayudar a un individuo a levantarse de su caída por la vida y llegar a una meseta superior de supervivencia. Este es el manual global que proporciona los fundamentos cruciales: *Los Fundamentos de la Ética y la Justicia; la Honestidad; las Condiciones de la Existencia, las Fórmulas de las Condiciones* desde Confusión hasta Poder, los *Fundamentos de la Supresión* y su manejo; así como los *Procedimientos de Justicia* y su uso en las Iglesias de Scientology. Aquí está la tecnología para superar cualesquiera barreras en la vida y en el viaje personal de subir por el Puente a la Libertad Total.

PURIFICACIÓN

CUERPO LIMPIO, MENTE CLARA: *EL PROGRAMA DE PURIFICACIÓN EFICAZ* • Vivimos en un mundo bioquímico, y este libro es la solución. Mientras investigaba los efectos dañinos que el consumo anterior de drogas tenía en los casos de los preclears, Ronald hizo el importante descubrimiento de que muchas drogas de la calle, en particular el LSD, permanecían en el cuerpo de una persona mucho tiempo después de haberse tomado. Observó que los residuos de las drogas podían tener efectos graves y duraderos, incluyendo el desencadenar "viajes" adicionales. La investigación adicional reveló que una gran gama de sustancias (drogas médicas, alcohol, contaminantes, productos químicos domésticos e incluso los conservantes de la comida) se podían alojar también en los tejidos del cuerpo. Por medio de la investigación de miles de casos, desarrolló el *Programa de Purificación,* para eliminar sus destructivos efectos. Cuerpo Limpio, Mente Clara detalla cada aspecto del régimen, totalmente natural, que puede liberarle a uno de los efectos dañinos de las drogas y otras toxinas, abriendo el camino al progreso espiritual.

MANUALES DE CONSULTA

¿QUÉ ES SCIENTOLOGY?

La obra de consulta enciclopédica esencial y completa sobre el tema y la práctica de Scientology. Este libro se diseñó para ser usado y contiene los datos pertinentes sobre cada aspecto del tema:

• La vida de L. Ronald Hubbard y su senda de descubrimientos

• El Patrimonio Espiritual de la religión

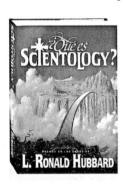

• Una descripción completa de Dianética y Scientology

• La auditación: qué es y cómo funciona

• Los cursos: qué contienen y cómo están estructurados

• La Tabla de Grados de Servicios y cómo uno asciende a estados superiores

• El Sistema de Ética y de Justicia de Scientology

• La Estructura Organizativa de la Iglesia

• Una descripción completa de los muchos programas de Mejoramiento Social que la Iglesia apoya, incluyendo: Rehabilitación de Drogadictos, Reforma de Criminales, Alfabetización y Educación y la tarea de inculcar verdaderos valores de moralidad

Más de 1,000 páginas con más de 500 fotografías e ilustraciones, este texto además incluye los Credos, los Códigos, una lista completa de todos los libros y materiales así como un Catecismo con respuestas a prácticamente cualquier pregunta relacionada con el tema.

Tú Preguntas y Este Libro Responde.

EL MANUAL DE SCIENTOLOGY

Los fundamentos de Scientology para uso cotidiano en cada aspecto de la vida que representan 19 cuerpos de doctrina tecnológica independientes. Es el manual más exhaustivo sobre los fundamentos de la vida jamás publicado. Cada capítulo contiene principios y tecnologías clave que puedes usar continuamente:

• La Tecnología de Estudio

• Las Dinámicas de la Existencia

• Los Componentes de la Comprensión: Afinidad, Realidad y Comunicación

• La Escala Tonal

• La Comunicación y sus Fórmulas

• Ayudas para Enfermedades y Lesiones

• Cómo Resolver los Conflictos

• La Integridad y la Honestidad

• La Ética y las Fórmulas de las Condiciones

• Soluciones para la Supresión y para un Entorno Peligroso

• El Matrimonio

• Los Niños

• Herramientas para el Trabajo

Más de 700 fotografías e ilustraciones te permiten aprender fácilmente los procedimientos y aplicarlos de inmediato. Este libro es realmente el manual indispensable para todo scientologist.

La Tecnología para Construir un Mundo Mejor.

ACERCA DE
L. RONALD HUBBARD

"Para realmente conocer la vida", escribió L. Ronald Hubbard, "tienes que ser parte de la vida. Tienes que bajar y mirar, tienes que meterte en los rincones y grietas de la existencia. Tienes que mezclarte con toda clase y tipo de hombres antes de que puedas establecer finalmente lo que es el hombre".

A través de su largo y extraordinario viaje hasta la fundación de Dianética y Scientology, Ronald hizo precisamente eso. Desde su aventurera juventud en un turbulento Oeste Americano hasta su lejana travesía en la aún misteriosa Asia; desde sus dos décadas de búsqueda de la esencia misma de la vida hasta el triunfo de Dianética y Scientology, esas son las historias que se narran en las Publicaciones Biográficas de L. Ronald Hubbard.

L. Ronald Hubbard: Imágenes de una Vida presenta la perspectiva fotográfica general sobre el gran viaje de Ronald. Tomada de la colección de sus propios archivos, esta es la vida de Ronald como él mismo la vio.

En lo que se refiere a los muchos aspectos de esa rica y variada vida, están las Series de Ronald. Cada publicación se centra en una profesión específica de LRH: *Auditor, Filántropo, Filósofo, Artista, Poeta, Compositor, Fotógrafo* y muchas más, incluyendo sus artículos publicados en *Freedom* y sus *Letters & Journals* personales. Aquí está la vida de un hombre que vivió por lo menos veinte vidas en el espacio de una.

PARA MÁS INFORMACIÓN, VISITA:
www.lronhubbard.org

Guía de los Materiales

¡Estás en una Aventura!
Aquí está el Mapa.

- Todos los libros
- Todas las conferencias
- Todos los libros de consulta

Todo ello puesto en secuencia cronológica con descripciones de lo que cada uno contiene.

Tu viaje a una comprensión completa de Dianética y Scientology es la aventura más grande de todas. Pero necesitas un mapa que te muestre dónde estás y adónde vas.

Ese mapa es la Guía de los Materiales. Muestra todos los libros y conferencias de Ronald con una descripción completa de su contenido y temas, de tal manera que puedas encontrar exactamente lo que *tú* estás buscando y lo que *tú* necesitas exactamente.

Como cada libro y conferencia aparece en secuencia cronológica, puedes ver *cómo* se desarrollaron los temas de Dianética y Scientology. ¡Y lo que eso significa es que simplemente estudiando esta guía te esperan una cognición tras otra!

Las nuevas ediciones de cada libro incluyen extensos glosarios con definiciones de todos los términos técnicos. Como resultado de un programa monumental de traducciones, cientos de conferencias de Ronald se están poniendo a tu alcance en disco compacto con transcripciones, glosarios, diagramas de conferencias, gráficas y publicaciones a los que se refiere en las conferencias. Como resultado, obtienes *todos* los datos y puedes aprenderlos con facilidad, consiguiendo una comprensión *conceptual* completa.

Y lo que eso supone es una nueva Edad de Oro del Conocimiento que todo dianeticista y scientologist ha soñado.

Para conseguir tu Guía de los Materiales y Catálogo GRATIS, o para pedir los libros y conferencias de L. Ronald Hubbard, ponte en contacto con:

HEMISFERIO OCCIDENTAL:
**Bridge
Publications, Inc.**
4751 Fountain Avenue
Los Angeles, CA 90029 USA
www.bridgepub.com
Teléfono: 1-800-722-1733
Fax: 1-323-953-3328

HEMISFERIO ORIENTAL:
**New Era Publications
International ApS**
Store Kongensgade 53
1264 Copenhagen K, Denmark
www.newerapublications.com
Teléfono: (45) 33 73 66 66
Fax: (45) 33 73 66 33

Libros y conferencias también disponibles en las Iglesias de Scientology.
Véase **Direcciones**.

DIRECCIONES

Dianética es una precursora y un subestudio de Scientology, la religión de más rápido crecimiento en el mundo hoy en día. Existen Iglesias y centros en ciudades de todo el mundo y se están formando nuevas continuamente.

Los Centros de Dianética ofrecen servicios introductorios y pueden ayudarte a comenzar tu viaje, o pueden ponerte en marcha en la aventura de la auditación de Dianética. Para obtener más información o para localizar el Centro de Dianética más próxima a tu domicilio, visita el sitio web de Dianética:

www.dianetics.org
e-mail: info@dianetics.org

Cada Iglesia de Scientology tiene un Centro de Dianética que ofrece tanto servicios introductorios como entrenamiento formal en el tema. También pueden proporcionar más información sobre los últimos descubrimientos del señor Hubbard en el tema de Scientology. Para más información visita:

www.scientology.org
e-mail: info@scientology.org

También puedes escribir a cualquiera de las Organizaciones Continentales, que aparecen en la siguiente página, que te dirigirán directamente a una de las miles de Iglesias y Misiones que hay por todo el mundo.

Puedes conseguir los libros y conferencias de L. Ronald Hubbard desde cualquiera de estas direcciones o directamente desde las editoriales que aparecen en la página anterior.

ORGANIZACIONES CONTINENTALES:

LATINOAMÉRICA

OFICINA DE ENLACE CONTINENTAL DE LATINOAMÉRICA
Federación Mexicana de Dianética
Calle Puebla #31
Colonia Roma, México D.F.
C.P. 06700, México

ESTADOS UNIDOS

CONTINENTAL LIAISON OFFICE WESTERN UNITED STATES
1308 L. Ron Hubbard Way
Los Angeles, California 90027 USA

CONTINENTAL LIAISON OFFICE EASTERN UNITED STATES
349 W. 48th Street
New York, New York 10036 USA

CANADÁ

CONTINENTAL LIAISON OFFICE CANADA
696 Yonge Street, 2nd Floor
Toronto, Ontario
Canada M4Y 2A7

REINO UNIDO

CONTINENTAL LIAISON OFFICE UNITED KINGDOM
Saint Hill Manor
East Grinstead, West Sussex
England, RH19 4JY

ÁFRICA

CONTINENTAL LIAISON OFFICE AFRICA
6th Floor, Budget House
130 Main Street
Johannesburg 2001, South Africa

EUROPA
CONTINENTAL LIAISON OFFICE EUROPE
Store Kongensgade 55
1264 Copenhagen K, Denmark

**Liaison Office of Commonwealth
of Independent States**
Management Center of Dianetics
and Scientology Dissemination
Pervomajskaya Street, House 1A
Korpus Grazhdanskoy Oboroni
Losino-Petrovsky Town
141150, Moscow, Russia

**Liaison Office of
Central Europe**
1082 Leonardo da Vinci u. 8-14
Budapest, Hungary

Oficina de Enlace de Iberia
C/ Miguel Menéndez Boneta, 18
28460; Los Molinos
Madrid, España

Liaison Office of Italy
Via Cadorna, 61
20090 Vimodrone
Milano, Italy

AUSTRALIA, NUEVA ZELANDA Y OCEANÍA
CONTINENTAL LIAISON OFFICE ANZO
16 Dorahy Street
Dundas, New South Wales 2117
Australia

Liaison Office of Taiwan
1st No. 231, Cisian 2nd Road
Kaoshiung City
Taiwan, ROC

AFÍLIATE
A LA ASOCIACIÓN
INTERNACIONAL DE SCIENTOLOGISTS

La Asociación Internacional de Scientologists es la organización de afiliación de todos los scientologists unidos en la cruzada de más importancia sobre la Tierra.

Se otorga una Afiliación Introductoria Gratuita de Seis Meses a cualquiera que no haya tenido ninguna afiliación anterior de la Asociación.

Como miembro tienes derecho a descuentos en los materiales de Scientology que se ofrecen sólo a Miembros de la IAS. Además recibirás la revista de la Asociación llamada *IMPACT*, que se emite seis veces al año, llena de noticias de Scientology alrededor del mundo.

El propósito de la IAS es:

"Unir, hacer avanzar, apoyar y proteger a Scientology y a los scientologists de todas las partes del mundo para lograr las Metas de Scientology tal y como las originó L. Ronald Hubbard".

Únete a la mayor fuerza que se dirige a un cambio positivo en el planeta hoy día y contribuye a que la vida de millones de personas tengan acceso a la gran verdad contenida en Scientology.

ÚNETE A LA ASOCIACIÓN
INTERNACIONAL DE SCIENTOLOGISTS.

Para solicitar la afiliación,
escribe a la Asociación
Internacional de Scientologists
c/o Saint Hill Manor, East Grinstead
West Sussex, England, RH19 4JY

www.iasmembership.org

GLOSARIO EDITORIAL
DE PALABRAS, TÉRMINOS Y FRASES

Las palabras tienen a menudo varios significados. Las definiciones usadas aquí sólo dan el significado que tiene la palabra según se usa en este libro. Los términos de Dianética aparecen en negrita. Al lado de cada definición encontrarás la página en que aparece por vez primera para que puedas remitirte al texto si quieres.

Este glosario no está destinado a sustituir a los diccionarios normales del idioma ni a los diccionarios de Dianética y Scientology, los cuales se deberían consultar para buscar cualesquiera palabras, términos o frases que no aparezcan en el glosario.

— Los Editores

abarcar: incluir o contener elementos como parte de algo más amplio. Pág. 14.

aberración: cualquier desviación o alejamiento de la racionalidad. Se usa en Dianética para incluir las psicosis, neurosis, compulsiones y represiones de todos los tipos o clasificaciones. Del latín *aberrare,* desviarse, alejarse de; del latín, *ab:* lejos, y *errare:* andar errante. Pág. 34.

aberrado: término de Dianética que significa una persona aberrada. Pág. 34.

aberrar: afectar de *aberración:* cualquier desviación o alejamiento de la racionalidad. Se usa en Dianética para incluir las psicosis, neurosis, compulsiones y represiones de todos los tipos o clasificaciones. Del latín *aberrare,* desviarse, alejarse de; del latín, *ab:* lejos, y *errare:* andar errante. Pág. 9.

aberrativo: que causa o produce *aberración.* Pág. 30.

abordar: empezar a ocuparse de un asunto, especialmente si plantea dificultades. Como en "Abordemos, entonces, un nivel que esté justo por debajo del Primer Motor Inmóvil". Pág. 13.

abstracción: acto de considerar algo que no tiene existencia conocida independiente o concreta, y que es sólo una idea. Pág. 15.

Acción de Gracias: Día de Acción de Gracias que se celebra en Estados Unidos el cuarto jueves de noviembre para recordar la fiesta que celebraron en Plymouth, Massachusetts (a 60 km. al sur de Boston) en 1621 los colonos norteamericanos que se habían asentado allí tras dejar Inglaterra. Los nativos norteamericanos habían enseñado a los colonos cómo conseguir cosechas y la fiesta daba gracias a Dios por sus buenas cosechas y salud. El típico pavo que se sirve de cena ahora en Acción de Gracias es un recordatorio de los pavos salvajes que se sirvieron en la primera celebración de Acción de Gracias. Pág. 6.

acupuntura: antigua práctica o procedimiento chino en el que se clavan agujas delgadas en los tejidos vivos, supuestamente para aliviar el dolor y curar. Pág. 14.

adjunto: fijo o pegado a algo o alguien. Pág. 94.

Adler: psicólogo Alfred Adler (1870–1937), quien al principio colaboró con Sigmund Freud, pero luego se separó y fundó su propia escuela independiente de pensamiento, ya que no estaba de acuerdo con el énfasis que Freud ponía en el sexo como fuerza motora. Adler pensaba que a la gente la motivaba principalmente la superación de sentimientos de inferioridad inherentes. Pág. 37.

admitir: conceder o aceptar que algo es real, válido o verdadero; reconocer. Pág. 45.

a estas alturas: en este periodo de tiempo, cuando las cosas ya han llegado a este punto. Pág. 47.

agobiado: que muestra agobio: sensación de angustia o de cansancio, especialmente si se produce por algo a lo que hay que hacer frente. Pág. 74.

agudo: breve o que dura poco tiempo; a diferencia de crónico (duradero, alude a algo que continúa durante mucho tiempo). Pág. 63.

aguijonear: impulsar o instar a hacer algo. Pág. 18.

ajustado, bien: (dicho de una máquina o similar) suave y sin resistencia o vacilación. Una computadora *bien ajustada* sería una que funciona suave y rápidamente. Pág. 46.

a la inversa: se usa para indicar que una situación que uno está por describir es lo opuesto a lo que uno acaba de describir. Pág. 110.

a la luz de: 1. con la ayuda ofrecida por el conocimiento de (algún hecho, información, etc.). Pág. 4.
2. tomando en consideración lo que se sabe, o lo que se acaba de decir o descubrir; debido a; considerando. Pág. 55.

Alguien: los términos *Él* y *Alguien* se han puesto en mayúsculas siguiendo la práctica de poner en mayúsculas la palabra *Dios*. Pág. 6.

aliado: en Dianética, un aliado es sólo alguien que ha ofrecido compasión o protección en un engrama. Pág. 103.

alivio: reducción o suavización del dolor, gravedad, etc.; atenuación. Pág. 63.

amnesia: pérdida parcial o total de memoria, olvidando incluso la identidad personal. Pág. 56.

amplio: suficiente o más que adecuado para un propósito o requerimiento; lo suficientemente extenso como para satisfacer todas las exigencias; abundante; pleno; completo. Pág. 69.

análisis: capacidad de analizar. Pág. 75.

analítico: de *análisis,* la acción de mirar o computar datos racionalmente, como cuando se dividen en partes para estudiarlos o examinarlos, sacar conclusiones o resolver problemas. Pág. 4.

analogía: comparación entre dos cosas que son similares en ciertos aspectos, se usa a menudo para explicar algo o para hacer que sea más fácil de comprender. Pág. 15.

análogo: que es similar a otra cosa, o que puede usarse en su lugar. Pág. 48.

anfitrión: organismo del cual vive otro organismo, especialmente un parásito. Se usa en sentido figurado. (Un *parásito* es un organismo que crece, se alimenta sobre otro organismo o dentro de él y que se cobija sobre él o dentro de él, aunque no contribuya en nada a la supervivencia de su anfitrión). Pág. 73.

angustia: pena, sufrimiento o dolor extremos. Pág. 67.

apático: que demuestra poco o ningún interés o preocupación. Pág. 27.

ápice: parte muy pequeña de algo. En frases negativas como en *"no cede ni un ápice"* equivale a nada. Pág. 78.

aplomo: confianza o seguridad en uno mismo. Pág. 73.

arbitrario: algo que se deriva de la mera opinión o preferencia; algo irrazonable o que no tiene base. Pág. 40.

argumento: razonamiento usado para probar o demostrar algo, o para convencer a otro de lo que se afirma o niega. Pág. 8.

aritmética: parte de las matemáticas que estudia los números y las operaciones hechas con ellas. Pág. 47.

arsenal: sitio donde se fabrican o almacenan armas y municiones de todo tipo, para las fuerzas militares y navales del país. Pág. 112.

arte: técnicas, acciones, imaginación, etc., que se usan en un campo en particular. Pág. 37.

artefacto de válvulas de vacío: alusión a las computadoras que existían a finales de los años 40. La *válvula de vacío* era un artefacto ampliamente utilizado en electrónica para controlar flujos de corrientes eléctricas. Se llama *válvula de vacío* porque es un tubo o bombilla de cristal cerrado herméticamente del que se ha extraído casi todo el aire para mejorar el flujo eléctrico. *Artefacto* es un conjunto organizado de piezas que cumple una función determinada. Pág. 48.

articular: expresar en forma verbal. Pág. 3.

ataque de nervios: un *ataque* es un acceso repentino e incontrolable de emoción, risa, tos u otra acción o actividad. De ahí, un acceso repentino e incontrolable de intensa alarma, angustia, agitación o algo similar. Pág. 35.

atenuación: reducción de fuerza, valor, cantidad o grado. Pág. 73.

atorar: dejar encasquillado, sin posibilidad de movimiento, fijo. Pág. 57.

atrofiado: disminuido o reducido en sustancia, volumen, fuerza, salud, etc.; desgastado, decaído. Pág. 77.

audio: 1. el sentido del oído, como en *"audio-timbre"*. Pág. 4. 2. que tiene que ver con el oído o con el sonido. Pág. 28.

audio-timbre: el *timbre* es sonido vocal o musical, especialmente de una característica concreta. *Audio* alude al oído o al sonido dentro del ámbito del oído humano. Pág. 4.

autodenigrarse: atacarse verbalmente a uno mismo. Pág. 82.

Autoridad: supuesto experto (o expertos), o alguien cuya opinión sobre un tema se acepta sin dudar. Del latín *auctor,* creador. Pág. 16.

aversión: sentimiento de disgusto hacia algo usualmente acompañado de un deseo intenso por evitarlo o ignorarlo. Pág. 82.

a voluntad: libremente, según lo quiera una persona. Pág. 81.

axioma: enunciado de leyes naturales del orden de los de las ciencias físicas. Pág. v.

banco: almacén de información, como en una computadora en que antaño se almacenaban los datos en un grupo o serie de tarjetas llamada "banco". Pág. 4.

barajar: mover (algo) de un lugar a otro. De ahí, mover de un lugar a otro en la mente (una idea, concepto, problema, etc.); pensar acerca de algo, etc. Pág. 8.

barniz: apariencia atractiva o externa que recubre o disfraza la verdadera naturaleza o sentimientos de alguien o algo. El término proviene de una sustancia que se da a las maderas y otras cosas con objeto de protegerlas y que adquieran mayor belleza y lustre. Pág. 26.

Bedlam: antiguo manicomio (su nombre completo es *Saint Mary of Bethlehem* [Santa María de Belén]) situado en Londres, conocido por el tratamiento inhumano que daba a sus internos y por su entorno inmundo. Los pacientes estaban encadenados a las paredes o al suelo, y cuando se ponían inquietos o violentos los golpeaban, les daban latigazos o los sumergían en agua. Pág. 25.

Benzedrina: marca de una droga que incrementa la actividad física y mental, impide el sueño y disminuye el apetito. Pág. 102.

binarios, 10^{21} dígitos: *binario* procede de una palabra latina que significa de dos en dos. *Dígitos binarios* alude a un sistema de numeración que se emplea en las computadoras y que sólo usa dos números (dígitos): 0 y 1. *10^{21} dígitos binarios* (10 multiplicado por sí mismo 21 veces) se refiere a una enorme cantidad de ceros y unos (1,000,000,000,000,000,000,000 de estos) extendidos uno tras otro, formando un número enorme. Pág. 13.

bodega: contenedor, tanque o lugar de almacenamiento, como para el combustible de un barco. Se usa en sentido figurado. Pág. 77.

bombardear: atacar con fuerza persistente y vigorosa; golpear repetidamente. En sentido figurado, golpear o salpicar con una emanación concentrada de cosas como situaciones, condiciones, palabras, etc. Pág. 104.

DESTINO:
LIBERTAD TOTAL

La *Tabla de Niveles y Diplomas de Clasificación, Grados y Consciencia* es tu Puente hacia la Libertad Total. Te indica qué pasos debes dar, uno tras otro, para alcanzar ese destino. Alcanza tu eternidad. Llena la tarjeta con los datos siguientes y envíala para recibir un ejemplar *gratuito* de la tabla.

NOMBRE

DIRECCIÓN

CIUDAD

ESTADO/PROVINCIA   CÓDIGO POSTAL

TELÉFONO   E-MAIL

www.scientology.org

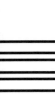

BUSINESS REPLY MAIL

FIRST CLASS MAIL   PERMIT NO. 62688   LOS ANGELES, CA

POSTAGE WILL BE PAID BY ADDRESSEE

PUBLICATIONS, INC.

4751 Fountain Avenue

Los Angeles CA 90029

Borneo: tercera isla más grande del mundo, situada a unos 640 kilómetros al este de Singapur en las Indias Orientales, cerca de Filipinas. Pág. 9.

botas de siete leguas, paso con: una *legua* es una unidad de medida de unos 4,8 kilómetros. Siete leguas son unos 34 kilómetros; de ahí, en sentido figurado, un salto enorme hacia delante, progreso significativo. La frase proviene de un cuento de hadas donde las botas de siete leguas son botas especiales que le permiten a uno avanzar siete leguas con un solo paso. Pág. 46.

botón: estímulo-respuesta. El término proviene de la acción de apretar un botón que abre o cierra mecánica y predeciblemente un circuito eléctrico; por ejemplo, un timbre. Pág. 76.

botones que se pulsan, (a base de): que se puede conducir o ejecutar *pulsando un botón;* que se pulsa con el dedo (usualmente en una máquina) para poner algo en marcha. En el texto, alude a una persona que está en un estado aberrado y que reacciona a estímulos en el entorno como si se pulsara un botón. Pág. 68.

bu por la noche, cosas que hacen: alusión a una frase contenida en una oración anónima escocesa: "De los demonios y fantasmas, así como de las bestias de largas patas, y de las cosas que hacen bu por la noche, líbranos Señor". Pág. 35.

burdo: marcado por una sencillez que demuestra falta de conocimiento o destreza; basto y sin pulir. Pág. 26.

buscar una aguja en un pajar: intentar encontrar *una aguja en un montón de paja:* tarea extremadamente difícil o imposible. Pág. 39.

cadena: serie de cosas estrechamente relacionadas o conexas, como por rasgos y contenido similares, etc. En Dianética, una serie de engramas relacionados por su contenido similar. Pág. 42.

calibrador: instrumento de medida que tiene dos patas o brazos curvos que se pueden ajustar para determinar el grosor, diámetro y distancia entre superficies. Pág. 15.

callejón sin salida: literalmente, un *callejón sin salida* es un pasillo o pasadizo (sobre todo uno que discurre entre los edificios o detrás de ellos) que está cerrado en uno de sus extremos. De ahí, un curso de acción que fracasa en alcanzar su propósito o del que no resulta ningún beneficio o que al parecer no lleva a ninguna parte. Pág. 14.

candado: situación de desasosiego mental. Depende para su fuerza del engrama al que está adjunto. El candado es más o menos conocido para el analizador. Es un momento de reestimulación grave de un engrama. Pág. 71.

candente: referido a un asunto, que es de mucha actualidad e interés y que generalmente levanta polémica. Pág. 96.

capacidad potencial: estado o condición de tener posibilidad, capacidad o poder, como en *"... y se restaurara la capacidad potencial completa de la mente para computar".* Pág. 97.

Cap-Haitien: ciudad portuaria en la costa norte de Haití. La gente de Cap-Haitien y de Haití practican el *vudú,* término usado para describir diversas creencias, tradiciones y prácticas que provienen principalmente de religiones tradicionales africanas y del cristianismo. La palabra *vudú* proviene de una palabra africana que significa "Dios, espíritu u objeto sagrado". Los seguidores del vudú creen en la existencia de un Ser Supremo y de espíritus fuertes y débiles. Cada persona tiene un espíritu protector que premia al individuo con riqueza y lo castiga con enfermedad. Los rituales del vudú a menudo los dirige un sacerdote o una sacerdotisa, y los creyentes invocan a los espíritus tocando el tambor, bailando, cantando y festejando. Durante el baile, un espíritu tomará posesión de un bailarín, que entonces se comporta de la manera característica del espíritu poseedor. Pág. 45.

carga: difusión (extensión total o a lo largo de algo de forma gradual), como de emoción, por ejemplo la desesperanza. Pág. 103.

cariz: apariencia o naturaleza general; carácter. Pág. 35.

carne asada para cenar: cena corriente en Estados Unidos e Inglaterra, usada aquí como ejemplo de un elemento típico cotidiano. Pág. 15.

Catedral de Reims: Reims es una ciudad del norte de Francia, a 158 kilómetros al noreste de París. La catedral de Notre Dame de Reims comenzó a construirse en el siglo XIII y se terminó en 1430; es famosa por su arquitectura y es el lugar donde se coronaron casi todos los reyes franceses. Pág. 15.

ceguera histérica: incapacidad de ver sin que haya causa física alguna. *Histérico* (de histeria) describe síntomas físicos, como la ceguera, la sordera, la parálisis o los temblores, cuando no se puede encontrar causa física. Pág. 99.

célula: unidad estructural más pequeña de un organismo capaz de funcionamiento independiente. Todas las plantas y animales están compuestos materialmente de una o más células, que generalmente se combinan para formar varios tejidos. Por ejemplo, el cuerpo humano tiene más de diez billones de células. Pág. 18.

celular: que tiene que ver con una *célula*, la unidad estructural más pequeña de un organismo capaz de funcionamiento independiente. Todas las plantas y animales están compuestos materialmente de una o más células, que generalmente se combinan para formar diversos tejidos. Por ejemplo, el cuerpo humano tiene más de diez billones de células. Pág. 85.

censor: (en la primitiva teoría freudiana de los sueños), la fuerza que reprime las ideas, los impulsos y los sentimientos, y que les impide irrumpir en la consciencia en su forma original, sin disfraz. Pág. 62.

cerebro electrónico: computadora. Pág. 48.

chamán: sacerdote o sacerdotisa de quien se dice que actúa como intermediario entre los mundos natural y sobrenatural, y usa la magia para curar dolencias, predecir el futuro y contactar y controlar las fuerzas espirituales. Pág. 9.

chispa: señal débil o pequeña cantidad de algo. Pág. 111.

choque: lo mismo que *electrochoque:* descarga de entre 180 y 460 voltios de electricidad a través del cerebro, de sien a sien o desde la frente hasta la parte posterior de uno de los lados de la cabeza. Causa un severo espasmo (agitación incontrolable del cuerpo) o ataque (inconsciencia e incapacidad para controlar los movimientos del cuerpo) de larga duración. Pág. 111.

ciencia: conocimiento; comprensión o entendimiento de hechos o principios, que han sido clasificados y facilitados para el trabajo, la vida o la búsqueda de la verdad. Una ciencia es un cuerpo conexo de verdades comprobadas o de hechos observados, organizados sistemáticamente y agrupados bajo leyes generales. Incluye métodos fidedignos para el descubrimiento de nuevas verdades dentro de su dominio, y denota la aplicación de métodos científicos en campos de estudio previamente considerados abiertos sólo a teorías basadas en criterios abstractos subjetivos, históricos o indemostrables. La palabra *ciencia* se usa en este sentido, el significado y tradición más fundamentales de la palabra, y no en el sentido de las ciencias *físicas* o *materiales.* Pág. 8.

ciencia del pensamiento: ciencia de la mente. Pág. 19.

científico físico: persona que tiene conocimiento experto de una o más de las *ciencias físicas:* cualquiera de las ciencias, como la física y la química, que analizan la naturaleza y propiedades de la energía y la materia. Pág. 19.

circuito: en electricidad, un camino completo que recorre una corriente eléctrica y que lleva a cabo una acción concreta. En Dianética, el término se usa para describir una parte de la mente que actúa como circuito y que lleva a cabo una función. Pág. 28.

circuito de desviación: alusión a un camino para desviar parte o toda la corriente eléctrica, esquivando uno o más elementos de un circuito. Se usa para describir un fenómeno similar en la mente. Pág. 60.

circuito, salir de (fuera de): en electricidad, un *circuito* es un camino completo que recorre una corriente eléctrica y que lleva a cabo una acción concreta. Cuando algo se *sale de circuito,* está fuera del trayecto de la corriente eléctrica, y por tanto no puede funcionar. Por lo tanto, alude a algo que ya no está en funcionamiento. Pág. 69.

clarividencia: agudeza de percepción mental, claridad de visión interior; visión interior de las cosas que va más allá de la imagen de la percepción ordinaria. Pág. 60.

clasificación: acción y efecto de dividir en categorías. Pág. 61.

Clear: persona no aberrada. Es racional porque concibe las mejores soluciones posibles con los datos que tiene y desde su punto de vista. Se le llama "Clear" porque se le han limpiado (en inglés, cleared) los engramas, las secundarias y los candados que aberraban su personalidad básica, su auto-determinismo, su educación y su experiencia. Véase *Dianética: La Ciencia Moderna de la Salud Mental* y *La Ciencia de la Supervivencia*. Pág. 34.

Clerk Maxwell: James Clerk Maxwell (1831–1879), físico escocés que, para explicar gráficamente determinados fenómenos del universo físico, inventó un ser hipotético (o demonio) que según él controlaba el movimiento de las moléculas de un gas y les hacía actuar de determinadas formas que él había observado. Pág. 14.

código: conjunto de normas y reglas de procedimiento o comportamiento que instruyen a los individuos o grupos sobre cómo comportarse. Se usa en sentido figurado. Pág. 54.

coeficiente de expansión: en física, cambio de volumen, área o longitud de un material que acompaña a un cambio de temperatura. Por ejemplo: en un termómetro tradicional, el mercurio líquido se expande o contrae al calentarse o enfriarse según la temperatura. La cantidad de expansión o contracción del mercurio determina lo alta o baja que sea la lectura del termómetro. Un *coeficiente* es un número que expresa la medida de una cualidad particular de una sustancia u objeto bajo condiciones específicas. Por ejemplo, el coeficiente del aluminio es la cantidad que se expandirá cada vez que su temperatura suba un grado. Pág. 48.

coeficiente de inteligencia: número al que se llega mediante tests destinados a indicar la inteligencia de una persona. *Coeficiente* significa el resultado de una división, y se refiere a la forma en que se calculan los resultados de los tests. Pág. 94.

coherencia: relación ordenada y lógica como parte de un todo armonioso. Pág. 30.

Colinas Occidentales: cadena de colinas en China, situada al noroeste de la capital de China, Pekín. La cadena es famosa por sus muchos templos y es, desde hace mucho, un retiro religioso. Pág. 45.

colorido: con mucho interés, vivacidad y emoción. Pág. 17.

compartimentar: impedir el paso con algo similar a una pared; dividir o separar. Pág. 103.

composición: la forma en que está hecha la totalidad de algo, especialmente la manera en que sus diferentes partes se combinan o se relacionan. De la palabra en latín *componere*, juntar. Pág. 76.

compuesto: algo hecho de partes o elementos distintos. Pág. 18.

compulsión: impulso irresistible que es irracional o contrario a la voluntad propia. Pág. 20.

computación: acción o resultado de calcular o procesar datos (para encontrar respuestas); pensamiento. Pág. 6.

computar: 1. determinar mediante cálculo matemático. Pág. 3.
2. pensar, calcular o determinar con precisión. Pág. 45.

condenado: que se ha declarado que hace el mal, que es culpable o miserable. Pág. 34.

condicionamiento: proceso de cambiar el comportamiento premiando o castigando a un individuo cada vez que se ejecuta una acción hasta que el individuo asocia la acción con el placer o con aflicción. Esto viene de los experimentos que Ivan Petrovich Pavlov (1849-1936) llevó a cabo con perros. Pavlov ofrecía comida a un perro mientras hacía sonar una campana. Después de repetir este proceso varias veces, el perro (anticipándose) segregaba saliva al sonido de la campana, tanto si había comida como si no. Pavlov concluyó que todos los hábitos adquiridos, incluso la actividad mental superior del Hombre, dependían del condicionamiento. Pág. 80.

conducir como pasajero: interferir en los asuntos desde una posición subordinada dando consejos que no se han pedido. De la costumbre del pasajero de un coche de dar consejos, advertencias y críticas, etc., al conductor, especialmente desde el asiento de atrás. Pág. 86.

conglomerado: grupo, cuerpo o masa formados por la unión de partículas o cosas distintas. Pág. 91.

consciencia: cualidad o estado de ser *consciente:* capaz de percibir; la condición de percibir conscientemente. Pág. 70.

consciente: capaz de percibir; que percibe a sabiendas. Pág. 42.

constante: cosa que no cambia o que no puede cambiar ni variar. Pág. 15.

consumir: vaciar; dejar sin contenido. Pág. 5.

contagio: transmisión o comunicación de una enfermedad de un cuerpo a otro. De ahí que sea, por extensión, la transferencia y difusión de una persona a otra, o entre una serie de personas, de influencias, sentimientos, emociones, etc., dañinos o que corrompen. Pág. 93.

contemporáneo: característico del periodo presente; moderno; actual. Pág. 30.

coordinar: *coordinar* quiere decir que los diferentes elementos (de una actividad compleja) se han puesto en el orden y combinación apropiados. Pág. v.

corre que te alcanzo, jugar a: *corre que te alcanzo* es un juego de niños en que un jugador va tras otros hasta que toca a uno, quien a su vez se convierte en perseguidor. Se usa en sentido figurado. Pág. 68.

cortina: en sentido figurado, algo que cierra, cubre u oculta (otra cosa). Pág. 27.

cortocircuito: conexión anormal entre dos puntos de un circuito, como cuando la electricidad atraviesa un aislante roto entre dos cables, dando normalmente como resultado un mal funcionamiento de algún tipo. Pág. 57.

cosas que hacen bu por la noche: alusión a una frase contenida en una oración anónima escocesa: "De los demonios y fantasmas, así como de las bestias de largas patas, y de las cosas que hacen bu por la noche, líbranos Señor". Pág. 35.

credo: sistema de creencias o principios. Pág. 13.

cristal mágico curativo: cristal que se consideraba que tenía el poder de sanar, como los usados por ciertos hechiceros primitivos de Australia, de quienes se dice que creen que los cristales curativos fueron puestos en la Tierra por los dioses del cielo. Pág. 26.

crónico: de larga duración, a diferencia de agudo (breve o que dura un periodo corto), alude a una condición que persiste durante un largo periodo. Pág. 91.

cuádruple: con cuatro partes o divisiones. Pág. 90.

cuatro dinámicas: La Dinámica Uno es el impulso hacia la máxima supervivencia por parte del individuo y para sí mismo. La Dinámica Dos es el impulso del individuo hacia la máxima supervivencia mediante el acto sexual, la creación y la crianza de los hijos. La Dinámica Tres es el impulso del individuo hacia la máxima supervivencia del grupo. La Dinámica Cuatro incluye el impulso del individuo hacia la máxima supervivencia para toda la Humanidad. Las cuatro dinámicas se describen por completo en el libro *Dianética: La Ciencia Moderna de la Salud Mental.* Pág. 90.

culto: sistema de creencias y prácticas religiosas y espirituales, como la adoración de espíritus, grupos de espíritus, dioses, grupos de dioses, etc. Pág. 19.

curación con agua: tratamiento psiquiátrico en el cual al paciente o bien se le sumergía y retenía debajo del agua, o se le estiraba en el suelo y se le torturaba obligándole a beber grandes cantidades de agua que se le echaba en la boca desde cierta altura, hasta casi provocarle la muerte. La idea era que el agua y la experiencia cercana a la muerte extinguiría la "vida demasiado exuberante y violenta" de la persona, y permitiría "un nuevo comienzo, dejando atrás su enfermedad". Pág. 25.

curación por la fe: curación que se cree que se ha logrado mediante fe religiosa, oración, etc. Pág. 14.

curado: resuelto o tratado (un problema o situación) de forma que se rectifica (endereza, corrige o remedia) o se elimina. Pág. 25.

dato falso: unidad de información que no se corresponde con la verdad ni la realidad. Pág. 57.

deducción: conclusión a la que se llega razonando. Pág. 55.

deducir: llegar a una conclusión razonando. Pág. 48.

degenerar: disminuir en calidad, a menudo a un nivel inferior, sobre todo a partir de una condición anterior o deseable. Pág. 93.

demonio: en la antigua Grecia, ser sobrenatural de naturaleza intermedia entre los dioses y los hombres, y que incluía a las almas o fantasmas de los muertos, como las de los héroes a los que se consideraba divinos; un espíritu maligno o diablo, sobre todo uno que se creía que poseía a una persona. Pág. 14.

demonio necrófago: espectro o cadáver que, según cree la gente de ciertos países, va por las noches a chupar poco a poco la sangre de los vivos hasta matarlos. Pág. 30.

denominador común, mínimo: factor más fundamental que tienen en común varias personas o cosas. Pág. 16.

derecho propio, por: en sí mismo o por sí mismo, independientemente de otros. Pág. 79.

dermatitis: inflamación de la piel que da como resultado enrojecimiento, hinchazón, picores u otros síntomas. Pág. 75.

desafortunado: que no tiene suerte; sin fortuna. Pág. 101.

descarga: *descarga* significa un paso brusco de corriente eléctrica de un cuerpo a otro de distinto potencial. En su uso figurado *descarga* representa contacto súbito, violento y enérgico entre dos o más cosas; golpe fuerte. Pág. 69.

desconectar: detener la actividad de; poner algo fuera de operación; apagar. Pág. 75.

desesperación: que se caracteriza por la pérdida total de esperanza, o por derrota. Pág. 103.

desintegrar: romper en fragmentos, pequeños trozos o las partes que componen un todo. Pág. 15.

desviación, circuito de: alusión a un camino para desviar parte o toda la corriente eléctrica, esquivando uno o más elementos de un circuito. Se usa para describir un fenómeno similar en la mente. Pág. 60.

desplazar: mover o cambiar de lugar. Pág. 110.

determinismo: acción de causar, afectar o controlar. Pág. 56.

Dianética Dinámica: ciencia de los impulsos básicos del individuo y de su personalidad básica. Pág. 109.

Dianética Irregular: rama de Dianética que trata al individuo, su mente y aberraciones. Pág. 109.

Dianética Preventiva: rama de Dianética que tiene como fundamento evitar la adquisición de un engrama; en segundo lugar, si se ha recibido un engrama a pesar de todos los cuidados y precauciones, se ocupa de impedir la reestimulación del engrama. Pág. 109.

10^{21} dígitos binarios: *binario* procede de una palabra latina que significa de dos en dos. *Dígitos binarios* alude a un sistema de numeración que se emplea en las computadoras y que sólo usa dos números (dígitos): 0 y 1. *10^{21} dígitos binarios* (10 multiplicado por sí mismo 21 veces) se refiere a una enorme cantidad de ceros y unos (1,000,000,000,000,000,000,000 de estos) extendidos uno tras otro, formando un número enorme. Pág. 13.

dinámico: del griego: *dynamikos,* poderoso. De ahí, fuerza motivadora o energética (de la existencia o la vida), como en el *"Principio Dinámico de la Existencia".* Pág. 14.

dínamo: máquina que genera electricidad. Pág. 14.

disco fonográfico: disco (normalmente de unos 30 centímetros de diámetro) de vinilo (material plástico), con surcos, en el que se graba música, voz u otros sonidos. Pág. 85.

disección: examen (con atención a los pequeños detalles), parte por parte; análisis. Pág. 47.

disparatado: contrario u opuesto a la razón o sin sentido común. Pág. 14.

distorsión: alteración de algo percibido (como una imagen, sonido, olor, etc.) en la cual las proporciones originales u otras características se cambian, se tuercen o se tergiversan de alguna manera. Pág. 5.

divinamente: usado con el doble sentido humorístico de a la manera de un dios, relacionado con él, que emana de él o que es su expresión; y humorísticamente, supremamente bueno o bello; magníficamente; celestialmente. Pág. 14.

doctrina: principio o conjunto de principios de cualquier rama del conocimiento. Pág. 37.

dominante: que dirige o controla. Pág. 35.

dramatización: duplicación parcial o total de un contenido engrámico por un aberrado en su entorno de tiempo presente. La conducta aberrada es por completo dramatización. Pág. 76.

ectoplasma: en el espiritismo, la sustancia gaseosa y luminosa que se supone que emana del médium durante el trance. (Un *médium* es alguien que se supone que es capaz de transmitir mensajes entre los espíritus de los muertos y las personas vivas). Pág. 35.

ecuación: término matemático que muestra que dos cosas son del mismo valor o iguales entre sí. Por ejemplo, "3X = 9" significa que 3 veces X es igual a 9. (De esta ecuación uno calcula que X = 3). De ahí, cualquier situación o problema con varios factores que ha sido calculada y comprobada con precisión matemática. Pág. 15.

efectos prácticos, a: para cualquier propósito práctico; relacionado con cualquier fin u objetivo. Pág. 57.

Egipto, tiempos de: alusión a los tiempos del *antiguo Egipto,* reino del noreste de África y cuna de la primera civilización del mundo. Surgida hace unos 5,000 años, esta cultura avanzada prosperó entre alrededor del 3,300 a.C. y el 30 a.C., volviéndose así una de las civilizaciones más duraderas de la historia de la Tierra. Pág. 112.

Él: cierto ser. Los términos *Él* y *Alguien* se han puesto en mayúsculas siguiendo la práctica de poner en mayúsculas la palabra *Dios.* Pág. 14.

elección, poder de: capacidad o facultad para determinar o decidir algo (como un curso de acción). Pág. 69.

electrochoque: descarga de entre 180 y 460 voltios de electricidad a través del cerebro, de sien a sien o desde la frente hasta la parte posterior de uno de los lados de la cabeza. Causa un severo espasmo (agitación incontrolable del cuerpo) o ataque (inconsciencia e incapacidad para controlar los movimientos del cuerpo) de larga duración. Pág. 61.

elevar: subir un incidente o engrama por la Escala Tonal, haciendo que el preclear lo detalle continuamente. Pág. 99.

embrión: criatura humana que aún no ha nacido, en sus primeras etapas de desarrollo, específicamente desde la concepción hasta la octava semana más o menos. Pág. 96.

empedernido: firmemente arraigado o habitual. Pág. 34.

encefalógrafo: instrumento para medir y registrar la actividad eléctrica del cerebro. Pág. 48.

endocrino: relacionado con la secreción de hormonas (sustancias químicas) de ciertos órganos y tejidos del cuerpo. Las secreciones de algunos de estos órganos aumentan la presión sanguínea y el ritmo cardíaco durante momentos de tensión. Pág. 74.

energía: potencial de movimiento o poder. El ímpetu o flujo o el ímpetu o flujo potenciales de algo a algo más; la habilidad de llevar a cabo trabajo; la habilidad de crear movimiento o desplazamiento. Ímpetu o movimiento manifiestos o potenciales. Pág. 17.

enfermedad psicosomática: *psico* alude a la mente y *somático* se refiere al cuerpo; el término *psicosomático* quiere decir "que la mente hace que el cuerpo esté enfermo" o "enfermedades que han sido creadas en el cuerpo por la mente". Pág. v.

engatusar: atraer ofreciendo placer u otro tipo de ventaja. Pág. 82.

engorroso: difícil de usar o tratar dado su tamaño o complejidad. Pág. 90.

engrama maníaco: engrama prosupervivencia altamente elogioso. En un *maníaco,* la fuerza vital de la persona se canaliza directamente a través del engrama, y su comportamiento, no importa lo entusiasta o eufórico que sea, es en realidad muy aberrado. (*Eufórico* significa sentimiento de gran felicidad o bienestar). Pág. 101.

enrejado: marco liviano hecho de tiras de madera o metal entrecruzadas, fijado a la pared o actuando como tal para servir de apoyo a plantas que están creciendo. Un cobertizo a veces estará cerrado por paredes hechas de este enrejado. Pág. 82.

enrevesado: confuso o difícil de entender. Pág. 43.

ensayo y error: método de alcanzar una solución correcta o un resultado satisfactorio probando diversos métodos o teorías hasta que se reduce el error suficientemente, o se elimina. Pág. 45.

en serio: con una intención o propósito sincero (y yendo tras él con vehemencia). Pág. 8.

entendimiento: facultad de pensar y razonar. Pág. 43.

entidad: algo que existe separadamente de otras cosas y que tiene su propia identidad. Pág. 58.

entorpecer: demorar o estorbar el movimiento o progreso de alguien o algo. Pág. 103.

entregarse: ceder o sucumbir ante (un impulso, deseo, etc.); consentir o permitir que ocurra o exista. Pág. 81.

enunciar: expresar de forma precisa; manifestar definitiva o sistemáticamente. Pág. 8.

en vista de que: en consideración a algo o a causa de algo. Pág. 42.

epílogo: parte final de una obra literaria. Pág. 107.

errar: cometer errores; estar equivocado. Pág. 43.

errática, de una manera: en forma imprecisa o inexacta; de alguna manera, pero no muy bien. Pág. 101.

erudito: persona de grandes conocimientos. Pág. 33.

escarceo: tentativa de emprender algo sin mucha dedicación o sin intención seria. Pág. 9.

escritura automática: escritura realizada por una persona sin su intención consciente o sin estar consciente de hacerlo, a menudo porque se le alienta a entrar en contacto con su inconsciente para descubrir datos censurados u ocultos. Pág. 60.

escuela: grupo de personas al que ha enseñado una autoridad o maestro, o que sigue a este, y que está asociada o unida por principios, creencias, métodos, etc. De ahí, un tipo particular de doctrina o práctica como la que practica este tipo de grupos. Pág. 14.

especulación: consideración cuidadosa de un tema. También, una conclusión, opinión o teoría, a la que se llega adivinando, debido a información o evidencia incompletas. Pág. 58.

espejo retrovisor: espejo montado a un costado del parabrisas o del salpicadero de un automóvil u otro vehículo, para darle al conductor una visión del área detrás del vehículo. Se usa en sentido figurado, lo que quiere decir mirar atrás y comprender algo en el pasado con el conocimiento que uno tiene en tiempo presente. Los espejos retrovisores de dos metros de ancho representarían una amplia visión y comprensión de algo en el pasado. Pág. 37.

espiral descendente: cuanto más empeora algo, más posibilidad tiene de ponerse peor. *Espiral* alude aquí a un movimiento progresivo hacia abajo, e indica un deterioro implacable de la situación, y que se considera que adopta forma de espiral. El término procede de la aviación, donde se usa para describir el fenómeno de un avión que desciende describiendo una espiral en círculos cada vez más cerrados, como en un accidente o en un número de acrobacia, que si no se contrarresta puede resultar en la pérdida de control y en que el aparato se estrelle. Pág. 93.

espiritismo: doctrina o creencia de que los espíritus de los muertos pueden comunicarse y se comunican con los vivos, especialmente a través de otra persona conocida como "médium". Pág. 9.

esquemático: que tiene la naturaleza de un esquema, o que se le parece. Pág. 91.

esquizofrénico: persona que tiene dos (o más) personalidades aparentes. *Esquizofrenia* significa *tijeras* o *dos,* más *cabeza.* Literalmente, *división de la mente;* de ahí, *personalidad dividida.* Pág. 33.

establecer: formular y exigir cumplimiento de algo, como de un curso de acción; decir con autoridad aquello que debe llevarse a cabo o hacerse. Pág. 27.

estandarte y media luna: alusión a la bandera (estandarte) llevada por los cruzados cristianos y al símbolo de la media luna llevado por los ejércitos musulmanes que, durante y después de la Edad Media, libraron entre sí numerosas guerras religiosas. Las Cruzadas eran expediciones militares y guerras religiosas cristianas proclamadas por el Papa. Se organizaron principalmente para defender a los cristianos y recuperar o defender aquellos territorios que los cristianos creían que les pertenecían por derecho, como Palestina. Pág. 26.

estímulo: cualquier acción o agente que causa o cambia una actividad en un organismo, órgano o parte; por ejemplo, algo que comienza un impulso nervioso, activa un músculo, etc. Pág. 11.

estímulo-respuesta: cierto estímulo (algo que pone en acción o da energía a una persona o cosa o que produce una reacción en el cuerpo) que automáticamente genera cierta respuesta. Pág. 70.

estrato: un *estrato* es una masa mineral en forma de capa que forma los terrenos sedimentarios (de los sedimentos, el material que después de haber estado en suspensión en cierto lugar, se deposita en él). Aquí se usa con el sentido de capas o niveles paralelos de algo. Pág. 76.

estructura: manera en que algo está construido, o su diseño físico; la manera en que están dispuestas o ensambladas sus partes para formar un todo, a diferencia de la *función:* el funcionamiento o manera en que algo actúa para lograr su propósito. Pág. 15.

estupor: condición aturdida o embotada en que la percepción y comprensión están mitigadas o entumecidas. Pág. 11.

éter: líquido incoloro que tiene un olor aromático y un gusto dulce y ardiente, que se usaba en el pasado como anestesia por inhalación para producir inconsciencia e insensibilidad al dolor. Pág. 68.

etiqueta: proyección, solapa o pequeña tira fijada a un objeto para ayudar en su identificación; un rótulo o identificación. Se usa en sentido figurado. Pág. 71.

etiqueta roja: usada para identificar o señalar para algún propósito concreto; el color rojo a menudo se asocia con situaciones urgentes o de emergencia, usualmente una advertencia. Pág. 39.

eureka: expresión de gusto por encontrar, descubrir o resolver algo, o por lograr finalmente hacer algo. Del griego *eureka:* "lo encontré". Pág. 85.

evolución: 1. proceso de desarrollo o cambio gradual y progresivo, a menudo a una forma mejor. Pág. 42.
2. idea de que todos los seres vivos se desarrollaron a partir de organismos sencillos y cambiaron a través de los tiempos para producir millones de especies diferentes: teoría de que el desarrollo de una especie u organismo desde su estado original o primitivo hasta su estado actual incluye la adaptación (cualquier alteración de la estructura o función de un organismo o cualquiera de sus partes, a menudo hereditaria, que resulta de la selección natural y por la que el organismo se adecua mejor para sobrevivir y multiplicarse en su entorno). Pág. 45.

evolucionar: desarrollarse por *evolución,* idea de que todos los seres vivos se desarrollaron a partir de organismos sencillos y cambiaron a través de los tiempos para producir millones de especies diferentes: teoría de que el desarrollo de una especie u organismo desde su estado original o primitivo hasta su estado actual incluye la adaptación (modificación de su forma o estructura para acoplarse a un entorno cambiado). Pág. 68.

exhaustivo: que no deja ninguna parte sin examinar o considerar; completo; minucioso. Pág. 61.

exorcista: alguien que intenta expulsar espíritus malignos de una persona o lugar por medio de ceremonias religiosas o solemnes. Pág. 11.

exorcizar: supuestamente, expulsar de una persona a un espíritu maligno por medio de oraciones rituales, ceremonias religiosas, etc. Pág. 26.

expansión, coeficiente de: en física, cambio de volumen, área o longitud de un material que acompaña a un cambio de temperatura. Por ejemplo: en un termómetro tradicional, el mercurio líquido se expande o contrae al calentarse o enfriarse según la temperatura. La cantidad de expansión o contracción del mercurio determina lo alta o baja que sea la lectura del termómetro. Un *coeficiente* es un número que expresa la medida de una cualidad particular de una sustancia u objeto bajo condiciones específicas. Por ejemplo, el coeficiente del aluminio es la cantidad que se expandirá cada vez que su temperatura suba un grado. Pág. 48.

extremadamente: a un grado extraordinario; en una cantidad increíble. Pág. 11.

faceta: parte o lado de algo; aspecto particular de una cosa. Pág. 76.

factor arbitrario: que proviene de la mera opinión o preferencia; que no es razonable ni tiene fundamento. Pág. 11.

facultad: poder o capacidad de hacer algo en particular. Pág. 11.

fanático: persona que muestra un excesivo entusiasmo hacia una causa, particularmente una causa religiosa. Pág. 26.

fetal: relacionado con el *feto*, ser humano que no ha nacido y que está en la matriz, a partir del segundo mes de embarazo y hasta el nacimiento. Pág. 99.

feto: ser humano que no ha nacido y que está en la matriz, a partir del segundo mes de embarazo y hasta el nacimiento. Pág. 77.

filtro: aparato eléctrico o electrónico que se usa para cerrar el paso a señales indeseadas mientras se dejan pasar otras señales deseadas. Se usa para describir una acción en la mente. Pág. 56.

finito: medible, que tiene límites. Pág. 4.

fisiológico: relativo a las funciones y actividades de los organismos vivientes y de sus partes, incluyendo todos los procesos físicos y químicos. Pág. 111.

florecer: lograr crecimiento o progreso hacia una meta; prosperar o tener mucho éxito a pesar de las circunstancias o condiciones, o precisamente gracias a ellas. Pág. 93.

foco: centro alrededor del cual se concentra algo, como por ejemplo, una actividad. Pág. 42.

foco de infección: fuente o punto central de alguna *infección*, corrupción o contaminación de las opiniones, creencias, principios, acciones, etc., de otro, concebida como una influencia o impulso que pasa de uno a otro. Pág. 42.

fonográfico, disco: disco (normalmente de unos 30 centímetros de diámetro) de vinilo (material plástico) con surcos, en el que se graba música, voz u otros sonidos. Pág. 85.

formar: educar, entrenar o disciplinar en una destreza o actividad en particular. Pág. 8.

fragmento: pequeña porción o pedazo desprendido; pedazo muy pequeño en comparación con el todo. Pág. 13.

fraseología: charla, discusión, o lenguaje asociados con una situación, profesión o grupo de personas en particular. Pág. 95.

Freud, Jung, Adler: alusión a los psicólogos Sigmund Freud (1856–1939), Carl Gustav Jung (1875–1961) y Alfred Adler (1870–1937). Freud fundó el psicoanálisis, y aunque Jung y Adler colaboraron al principio con él, ambos se separaron y fundaron sus propias escuelas independientes de pensamiento, ya que no estaban de acuerdo con el énfasis que Freud ponía en el sexo como fuerza motora. Jung proponía que todos los seres humanos heredan un *inconsciente colectivo* que contiene símbolos y memorias universales de su pasado ancestral, mientras que Adler pensaba que la motivación principal de la gente era superar sentimientos inherentes de inferioridad. Pág. 11.

frito, estar: estar en un estado considerado sin remedio, reparación ni salvación posibles. Pág. 75.

frustrar: impedir que se logre un propósito; interponerle una obstrucción. Pág. 11.

fuera de circuito: en electricidad, un circuito es el camino completo que recorre una corriente eléctrica y que lleva a cabo una acción concreta. Cuando algo sale fuera de circuito, está fuera del camino de la corriente eléctrica, y por tanto no puede funcionar. De ahí, algo que ya no está en funcionamiento. Pág. 70.

función: poderes intelectuales; acciones mentales; pensamiento, a diferencia de la *estructura;* cómo está construido algo o su diseño físico. Pág. 8.

fusibles, saltar sus: en sentido figurado, dejar de funcionar por algún tipo de agobio o sobrecarga, o como si así fuera. En el campo de la electricidad, un *fusible* es un hilo de metal que se derrite fácilmente, el cual se coloca en un circuito eléctrico, y que se derrite (o se "funde"), interrumpiendo el flujo eléctrico impidiendo así el daño que pudiera ocurrir si la corriente eléctrica (carga) subiera por encima de cierto nivel de seguridad. Pág. 11.

garra y colmillo: característico de luchar enérgica y ferozmente con el máximo esfuerzo y con todas las fuerzas. Literalmente, viene de morder y arañar con las garras y los colmillos como armas. Pág. 26.

genético: relacionado con los *genes,* unidades básicas del cuerpo físico capaces de transmitir características de una generación a la siguiente. Pág. 39.

Goldberg, Rube: (1883–1970) dibujante norteamericano de historietas conocido por su representación de aparatos mecánicos ridículamente complicados diseñados para lograr tareas absurdamente simples. Pág. 43.

goldi: pueblo tradicionalmente cazador y pescador del sudeste de Siberia y noreste de Manchuria, entre quienes el hechicero emplea el tambor para comunicarse con los espíritus. Pág. 9.

golpe a golpe: que da o muestra todos los detalles en el orden en el cual ocurren. Por ejemplo: "El locutor relató golpe a golpe la pelea de boxeo", lo que significa que describió en detalle todos los puñetazos (golpes) lanzados por cada boxeador. Pág. 91.

golpe, de: todo a la vez o al mismo tiempo; en una sola acción repentina. Pág. 53.

gramos por centímetro cuadrado: el aire tiene peso y presiona hacia abajo aproximadamente con un kilo por centímetro cuadrado. Un *centímetro cuadrado* es un cuadrado de un centímetro de lado. Por cada centímetro cuadrado de superficie, al nivel del mar, el aire presiona hacia abajo con aproximadamente un kilo de peso. Esta cifra se usa a veces como estándar con el cual se comparan otros factores, como la temperatura de ebullición del agua, que varía según la presión del aire (que depende de la elevación). Al nivel del mar (un kilo por centímetro cuadrado) el agua hierve a 100° centígrados. Pág. 8.

Guayana Británica: antiguo nombre de *Guyana,* república al norte de la costa atlántica de Sudamérica. Pág. 25.

guiso de carne: platillo de carne molida, papas y a veces vegetales, usualmente horneado. Pág. 70.

hechicero: hombre considerado como una especie de médico dentro de una tribu, que supuestamente tiene poderes mágicos para curar enfermedades y controlar a los espíritus. Pág. 9.

heurísticamente: que se caracteriza por el uso de experimentos, evaluaciones y métodos de prueba y error; implica investigación y conclusiones basadas en una funcionalidad invariable. Pág. 8.

heurístico: que usa experimentos, evaluaciones o métodos de prueba y error; implica investigación y conclusiones basadas en una funcionalidad invariable. Pág. 8.

hindú: seguidor de la religión india del hinduismo, que enfatiza la libertad respecto al mundo material a través de la purificación de los deseos, la eliminación de la identidad personal y la creencia en muchos dioses y en la reencarnación. Pág. 9.

hindú, antiguo principio: alusión a las técnicas de regresión y revivificación que se usaron en Asia durante miles de años. A diferencia de las escuelas occidentales recientes, que sostenían que la regresión sólo era posible en sujetos en trance o hipnotizados, en Asia se descubrió que esta capacidad era innata en el individuo que está completamente alerta. Pág. 62.

hindú, truco de la cuerda: truco de magia de origen oriental en el que un mago suspende una cuerda en el aire, por la que luego sube una persona y aparentemente desaparece. Pág. 15.

hipnoanálisis: método de psicoanálisis en el que se hipnotiza a un paciente para supuestamente intentar descubrir datos y reacciones emocionales de una edad temprana. Pág. 25.

hipnosis: condición similar al sueño que alguien puede inducir artificialmente en las personas, en la cual estas pueden responder a preguntas y son muy susceptibles a sugestiones. Pág. 67.

hipnotismo: el dirigirse a la mente reactiva. Reduce al auto-determinismo al interponer las órdenes de otro por debajo del nivel analítico de la mente del individuo. Enturbula a un caso marcadamente y aberra bastante a los seres humanos al activar engramas que de otra manera permanecería latentes. Pág. 19.

hipnotizador: persona que hipnotiza a otra. Pág. 33.

Hombre: raza o especie humana, el género humano, la Humanidad. Pág. 18.

hombre: ser humano, sin importar su sexo ni edad; persona. Pág. 14.

identidad: igualdad exacta de cualidades o características; equivalente o igual. Véase el Capítulo Seis, "El Villano de la Obra", para una descripción de *pensar mediante identidades*. Pág. 14.

imbuido: llevado a la mente o recibido en ella y mantenido, como conocimiento, ideas o cosas similares. Pág. 39.

impedimento: algo que evita el progreso; estorbo. Pág. 91.

imperio: país, región o unión de estados o territorios bajo el control de un emperador o de otro líder o gobierno poderoso. Un *imperio* es un conjunto de estados conquistados o colonizados, cada uno con su propio gobierno subordinado al imperio como un todo. Una *colonia* es un país o área separado de otro país pero regido por este. Pág. 15.

implantado: fijo, establecido o grabado de manera segura, como en la mente o la consciencia. Pág. 26.

impotencia: completa ausencia de poder sexual, dicho general-mente del varón. Pág. 100.

impulso: empuje interno que estimula la actividad, energía e iniciativa. Pág. 18.

incitar: causar que algo entre en acción o actividad. Pág. 86.

indeleble: que no se puede eliminar, borrar, etc.; permanente. Pág. 78.

indicar: sugerir que un curso de acción es deseable o necesario. Pág. 56.

inequívoca, de manera: de manera concluyente y absoluta; no sujeto a condiciones o excepciones. Pág. 100.

infección: corrupción o contaminación de las opiniones, creencias, principios, acciones, etc., de otro, concebida como una influencia o impulso que pasa de uno a otro. Pág. 42.

infinitamente: a un grado indefinidamente grande; que no se puede medir ni calcular. Pág. 47.

ingeniería: rama de la ciencia y de la tecnología relacionada con el diseño, construcción y uso de motores, máquinas y estructuras. Pág. 8.

inherentemente: tal como existe en el carácter interno de alguien o de algo como elemento, cualidad o atributo permanente e inseparable. Pág. 28.

ininteligible: difícil de comprender; tan erudito que no es claro. Pág. 16.

inmortalidad: vida o existencia sin fin. Pág. 18.

innumerable: demasiado como para contarlo; mayor en cantidad de lo que se puede calcular. Pág. 9.

inorgánico: que no pertenece al cuerpo ni a sus partes (como sus órganos) ni a cosas físicas. Pág. 109.

inquisitivo: que investiga o pregunta. Pág. 8.

insensatez: acción, práctica, idea, etc., estúpidas. Pág. 18.

insensible: incapaz de percibir a través de los sentidos o de la mente. Pág. 76.

insólito: muy inusual o improbable, y a menudo producido por una combinación de circunstancias únicas o muy poco comunes. Pág. 60.

intelecto: facultad humana de comprender, conocer y razonar. Pág. 40.

intención: algo que uno tiene la determinación de lograr; objetivo o propósito deliberado. Pág. 64.

intensidad, perder: reducir fuerza; volverse incapaz de afectar a alguien o a algo. Pág. 79.

interponer: insertar o intercalar; introducir. Pág. 42.

interponerse: asumir una posición intercalada; separar otras cosas. Pág. 42.

interposición: algo que asume una posición intercalada; algo que separa otras cosas. Pág. 63.

inversa, a la: se usa para indicar que una situación que uno está por describir es lo opuesto a lo que uno acaba de describir. Pág. 110.

invisible, tinta: líquido empleado en la escritura que permanece invisible hasta revelarse el color con la aplicación de calor, sustancias químicas, etc. Pág. 19.

irrumpir: abrir o entrar, por medio de la fuerza. Pág. 67.

jerga: variedad de lengua que usan entre sí las personas pertenecientes a un mismo grupo profesional o social. Pág. 14.

jerigonza: actividad o lenguaje complicados y a veces sin propósito que tiene la intención de confundir. Pág. 14.

jugar a corre que te alcanzo: *corre que te alcanzo* es un juego de niños en que un jugador va tras otros hasta que toca a uno, quien a su vez se convierte en perseguidor. Se usa en sentido figurado. Pág. 68.

Jung: el psicólogo Carl Gustav Jung (1875-1961), que colaboró al principio con Sigmund Freud pero después se separó y fundó su propia escuela independiente de pensamiento, ya que no estaba de acuerdo con el énfasis que Freud hacía del sexo como fuerza motora. La teoría de Jung era que todos los seres humanos heredan un *inconsciente colectivo,* que contiene símbolos y memorias universales de su pasado ancestral. Pág. 37.

justificado: explicado (por las circunstancias); que tuvo base adecuada para (una acción, creencia, etc.). Pág. 45.

Kant: Immanuel Kant (1724-1804) filósofo alemán que fue también profesor universitario, y estuvo influenciado en gran medida por las obras y estilo literario de otros filósofos alemanes. Al publicarlos, su obra y escritos fueron considerados muy difíciles de comprender y se enfrentaron a gran controversia. Pág. 37.

kayán: pueblo nativo de la isla de Borneo. Establecido principalmente en el río Kayán, adora a muchos dioses y practica el chamanismo. Pág. 26.

key-in: literalmente, en inglés *key* es un interruptor para abrir, cerrar o conectar contactos electrónicos. Tener o hacer *key-in* se usa aquí para describir la acción que ocurre cuando un engrama latente se ha activado y ahora se conecta en un circuito. Pág. 74.

Kublai Kan: (1216-1294) nieto del fundador de la dinastía mongol, Gengis Kan, quien completó la conquista de China comenzada por su abuelo. Una *dinastía* es una sucesión de gobernantes provenientes de la misma familia. Pág. 9.

lama: monje budista. Su culto consiste principalmente en recitar oraciones y textos sagrados y salmodiar (cantar algo con cadencia monótona) himnos (canciones de alabanza) con el acompañamiento de trompas, trompetas y tambores. Pág. 45.

latente: temporalmente sin actividad, energía, fuerza ni efecto. Pág. 74.

leguas, paso con botas de siete: una *legua* es una unidad de medida de unos 4,8 kilómetros. Siete leguas son unos 34 kilómetros; de ahí, en sentido figurado, un salto enorme hacia delante, progreso significativo. La frase proviene de un cuento de hadas donde las botas de siete leguas son botas especiales que le permiten a uno avanzar siete leguas con un solo paso. Pág. 46.

ley: afirmación de un hecho, basada en la observación de que un fenómeno (acontecimiento, circunstancia o experiencia que se puede experimentar) natural o científico ocurre siempre bajo determinadas condiciones. Pág. 8.

ley cifrada: declaración de un hecho científico que no varía bajo ciertas condiciones y que sirve o actúa como código (sistema de símbolos que se usan para proteger o esconder información, y que es en sí la *clave* para revelar y comprender esa misma información). Se usa en alusión a la investigación y descubrimiento del Principio Dinámico de la Existencia: ¡SOBREVIVE!, que resolvió el enigma de la vida. Pág. 8.

liberar: literalmente, despegar algo de alguna sujeción o restricción. De ahí, aliviar, calmar o quitar la fuerza o efecto de algo. Pág. 56.

línea temporal: lapso temporal de un individuo desde la concepción hasta el tiempo presente, en que se encuentra la secuencia de sucesos de su vida. Pág. 17.

lobotomía prefrontal: operación psiquiátrica en la que se practican agujeros en el cráneo, penetrando en el cerebro y cortando los accesos nerviosos a los dos lóbulos frontales, teniendo como resultado que el paciente se transforme en un vegetal a nivel emocional. Pág. 25.

lóbulo prefrontal: lóbulo situado en la parte delantera del cerebro, detrás de la frente. Un *lóbulo* es una protuberancia o sección redondeada, como de un órgano del cuerpo. Pág. 75.

Los Ángeles, sectas de: alusión a la diversidad de rezos, modas y fanatismos que caracterizaban el área metropolitana de Los Ángeles (la ciudad de Los Ángeles tomada en conjunto con sus ciudades vecinas, como Hollywood, Glendale, Santa Mónica, Burbank, etc.) en el momento de escribirse este libro; desde la lectura de la mano al consumo de drogas, las modas alimentarias y el culturismo. Pág. 9.

Lucrecio: (c 98–55 a.C.) poeta romano autor del poema didáctico inconcluso *Sobre la Naturaleza de las Cosas,* publicado en seis volúmenes, que expone de manera resumida una ciencia completa del universo. El poema incluye una explicación de las etapas de la vida en la Tierra y el origen y desarrollo de la civilización, además de ideas respecto a la evolución y la producción, la distribución y extinción de diversos seres vivos, similares al principio de la evolución que se menciona en antiguos escritos indios (orientales). Pág. 16.

lujo, de: de un estándar lujoso y que sobrepasa a todos los demás de su clase. Por extensión, de alto grado o cantidad. Pág. 75.

luz de, a la: 1. con la ayuda ofrecida por el conocimiento de (algún hecho, información, etc.). Pág. 4.
2. tomando en consideración lo que se sabe, o lo que se acaba de decir o descubrir; debido a; considerando. Pág. 55.

magnitud: tamaño, extensión, importancia o influencia. Pág. 46.

maldecido: que se le ha deseado mal, causado dolor y sufrimiento, que se cree que proviene de una *maldición,* invocación u oración malintencionada a un ser sobrenatural para que le sobrevenga daño a alguien o algo, o la adversidad que se cree que resulta de esto. Pág. 26.

maldición: daño que se cree que resulta de una invocación u oración malintencionada a un ser sobrenatural, para producir dolor, sufrimiento y adversidad a alguien o algo, o que es como si resultara de ello. Pág. 82.

maleficio: hechizo malvado o perverso. Pág. 26.

mamífero: que pertenece a la clase de animales de sangre caliente cuyas hembras tienen órganos que segregan leche para alimentar a los jóvenes, como son los simios, monos, tigres, etc. Pág. 46.

Manchuria: región histórica del nordeste de China, que tiene tres provincias. Pág. 9.

mandato: instrucción u orden autoritaria. Pág. 70.

manejar: encargarse de algo. Pág. 3.

manera errática: en forma imprecisa o inexacta; de alguna manera, pero no muy bien. Pág. 101.

manifestar: mostrar (una cualidad, condición, etc.) por medio de acciones o comportamiento; dar evidencia de lo que se posee; revelar la presencia de algo. Pág. 15.

manipulación engañosa: plan o trama sutil para lograr algún propósito, como por ejemplo una distorsión astuta del significado de algo. Pág. 89.

manipulado: interferido causando daño. Pág. 61.

máquina, a toda: funcionando al completo; a la máxima capacidad. Pág. 102.

más o menos: de una manera aproximada. Pág. 14.

Marines: soldados que son parte de la rama de las fuerzas armadas de Estados Unidos que está especialmente entrenada y organizada para expediciones militares y operaciones anfibias especiales (capaces de operar tanto por tierra como por agua). Las fuerzas de asalto de los Marines, con apoyo de unidades aéreas y acorazadas de la Armada de EE.UU., atacan y toman posiciones enemigas. En estas operaciones anfibias, los Marines atacan por mar para capturar islas, playas u otras ubicaciones importantes en tierra que están en manos del enemigo, preparando el camino para que otros soldados aterricen y construyan bases o combatan al enemigo. Pág. 42.

material del que está hecho (algo): sustancia material o inmaterial de la que está formado algo, o en que consiste, o con que fue elaborado; el material fundamental del que está hecho algo o en que consiste; esencia. Pág. 105.

Maxwell, Clerk: James Clerk Maxwell (1831–1879), físico escocés que, para explicar gráficamente determinados fenómenos del universo físico, inventó un ser hipotético (o demonio) que según él controlaba el movimiento de las moléculas de un gas y les hacía actuar de determinadas formas que él había observado. Pág. 14.

McCulloch, Dr.: Warren Sturgis McCulloch (1899–1969), científico estadounidense que desarrolló aparatos electrónicos tomando al cerebro como modelo. Pág. 53.

mecanismo: 1. estructura o sistema (de partes, componentes, etc.) que en conjunto llevan a cabo una función en particular, como ocurriría en una máquina. Pág. 41.
2. organismo o medio por el que se produce un efecto o se logra un propósito. Pág. 71.

media luna, estandarte y: alusión a la bandera (estandarte) llevada por los cruzados cristianos y al símbolo de la media luna llevado por los ejércitos musulmanes que, durante y después de la Edad Media, libraron entre sí numerosas guerras religiosas. Las Cruzadas eran expediciones militares y guerras religiosas cristianas proclamadas por el Papa. Se organizaron principalmente para defender a los cristianos y recuperar o defender aquellos territorios que los cristianos creían que les pertenecían por derecho, como Palestina. Pág. 26.

medición: acción de tomar medidas. Pág. 15.

medio: que representa las características generales que se consideran propias de un grupo, de una época o de algún tipo de agrupación. Pág. 47.

mente analítica: véase el Capítulo Cuatro: "La Personalidad Básica" para una descripción completa de esta. Pág. 54.

merced de (algo), a: bajo la voluntad o capricho de algo. Pág. 35.

mestizo: de raza, origen, carácter, nacionalidad, etc., mixtos. Pág. 112.

meticuloso: hecho con cuidado, con exactitud y con detalle. Pág. 53.

1938: en 1938, L. Ronald Hubbard escribió un manuscrito inédito titulado "Excalibur", que contenía los fundamentos filosóficos de muchos principios de Dianética y Scientology, incluyendo su descubrimiento de que el mínimo denominador común de la existencia es ¡SOBREVIVE! Pág. 6.

mímico: que imita o copia algo. Pág. 39.

mínimo denominador común: *véase* **denominador común, mínimo.**

minuciosidad: atención a detalles excepcionalmente pequeños y precisos. Pág. 61.

mirilla: pequeño hueco o abertura a través del cual mirar. Pág. 37.

misceláneas (cosas): compuesta de cosas distintas o variadas. Pág. 9.

misticismo: creencia de que es posible alcanzar el conocimiento de las verdades espirituales y de Dios mediante la contemplación o el pensamiento profundo y meticuloso. Pág. 9.

místico: desconcertante o incomprensible para la comprensión; enigmático. Como en *jerigonza mística*. Pág. 14.

mitología: conjunto de mitos (historias tradicionales o legendarias), especialmente los que pertenecen a la literatura o tradición religiosa de un país o un pueblo. Un *mito* es un relato tradicional acerca de la antigua historia de un pueblo, o que explica algún fenómeno natural o social, y típicamente involucra seres o eventos sobrenaturales. Pág. 9.

modelo de prueba: trabajo o construcción preliminar de algo usado para determinar su calidad, durabilidad u otros aspectos, y para servir de ejemplo a ser imitado o comparado, y a partir del cual hacer un producto final. Pág. 45.

monociclo: vehículo de una sola rueda. Pág. 62.

montaje: conjunto de cosas relacionadas entre sí ordenadamente en el cual todo tiene su sitio. Pág. 71.

montón de lo inservible: lugar para tirar cosas viejas e inútiles. Se usa en sentido figurado. Pág. 35.

motor: relativo al movimiento muscular o que lo involucra. Pág. 77.

narcosíntesis: hipnotismo inducido mediante drogas en el que a un paciente se le somete a psicoterapia mientras está bajo el efecto de drogas de cierto tipo y en un "sueño profundo". *Narco* es una abreviatura de *narcótico* y significa droga que produce hipnosis. *Síntesis* en este sentido significa la combinación en un todo de elementos de sensación o pensamiento separados. El nombre fue creado por los psiquiatras que usaban drogas durante la Segunda Guerra Mundial al intentar "reconstruir (sintetizar) al soldado desintegrado o destrozado". Pág. 14.

nervios, ataque de: un *ataque* es un acceso repentino e incontrolable de emoción, risa, tos u otra acción o actividad. De ahí, un acceso repentino e incontrolable de intensa alarma, angustia, agitación o algo similar. Pág. 35.

neurocirujano: cirujano que se especializa en la cirugía del cerebro, la columna vertebral, los nervios, etc. Pág. 77.

neurona: célula que transmite los impulsos nerviosos y que es la unidad funcional básica del sistema nervioso; llamada también *célula nerviosa*. Pág. 47.

neurosis: estado emocional que contiene conflictos y datos emocionales que inhiben las capacidades o el bienestar del individuo. Pág. 20.

neurosis de guerra: la extenuación, agotamiento o agitación que se dice está causada por la exposición continua al fuego enemigo o a la violencia y la tensión de la guerra. Este término fue originado por psiquiatras, y aquellos sobre quienes se dice que tienen este "padecimiento" son descritos como manifestando reacciones exageradas, irritabilidad y la posibilidad de violencia, pesadillas e insomnio. Pág. 25.

neurótico: persona que sufre de neurosis. Pág. 104.

Niágara, cataratas del: gran cascada de agua de unos 55 metros de altura situada en el estado de Nueva York en la frontera entre Estados Unidos y Canadá. Pág. 53.

nimiedad: cosa de escasa importancia. Pág. 43.

nivel de necesidad: el grado al que un individuo siente la necesidad de emprender cierto curso de acción. Un incremento repentino en la necesidad ocurre cuando hay un problema o emergencia o cuando hay una gran amenaza a la supervivencia. La mente analítica tomará el control y el individuo puede actuar de manera altamente consciente y poderosa y ser muy racional. Los engramas salen de circulación, de forma momentánea, en los momentos de tensión. La casa se está quemando; alguien saca cargando el piano. Eso es nivel de necesidad. Pág. 84.

noquear: dejar fuera de combate. Pág. 41.

norma: estándar; lo que se espera o se considera normal. Pág. 109.

nulo y sin efecto: que no tiene autoridad ni fuerza, consecuencia ni significación. Del latín *nullus,* "ninguno". Pág. 71.

objetivo: independiente de lo que es personal o privado en los pensamientos y sentimientos propios; que no depende de la mente para su existencia, lo contrario de subjetivo. Pág. 97.

obstaculizar: retardar en cuanto a movimiento o progreso; dificultar. Pág. 39.

ocluir: tener memorias cerradas a la propia consciencia; del latín *occludere,* cerrar, apagar o tapar (un paso, abertura, etc.). Pág. 27.

ogro: monstruo que come hombres, usualmente representado como un espantoso gigante. Se usa en sentido figurado. Pág. 45.

operador: aquel que controla el funcionamiento de una computadora u otro equipo. Pág. 47.

óptimo: referente al punto en que la condición, grado o cantidad de algo es la más favorable o ventajosa para el logro de algún fin, o relativo a aquel. Pág. 1.

oráculo romano: señal, como un trueno, rayo, vuelos y chillidos de pájaros o el movimiento de serpientes y ratones, que los antiguos romanos creían que predecía la buena o mala suerte. Pág. 39.

órbita, fuera de: *órbita* es la trayectoria que recorre un cuerpo celeste (planeta, luna, etc.) durante su revolución alrededor de otro cuerpo. De ahí que, por extensión, esto significa "fuera de la trayectoria (o estudio, investigación, progreso, etc.) principal o correcta". Pág. 26.

orden: clase, grupo, especie o tipo de cosas que tiene un nivel en una escala de excelencia o importancia, o que se distingue de otras por su naturaleza o carácter. Pág. 46.

orden de magnitud (inferior): algo que está por debajo de otra cosa en calidad, cantidad, grandeza, tamaño, etc. *Inferior* significa por debajo de. *Orden* es una clase, grupo, especie o tipo de cosas que tiene algún rango en una escala de excelencia o importancia, o que se distingue de otras por su naturaleza o carácter. *Magnitud* es cantidad o grandeza de tamaño, extensión, importancia o influencia. Pág. 46.

orgánicamente: físicamente; relacionado con la estructura o condición de un cuerpo viviente. Pág. 35.

orgánico: relacionado con los órganos (como el cerebro, riñón, ojo, corazón o pulmón), o que los afecta. Pág. 5.

órgano: parte de un cuerpo humano que tiene una función concreta, como la digestión, la respiración o la percepción. Los *órganos sensoriales* son los órganos de la percepción. Pág. 48.

origen: forma o fuente de la cual algo proviene o surge; procedencia. Pág. 35.

originar: poner en existencia; crear o iniciar. Pág. 28.

óxido nitroso: gas de olor y sabor dulce que se usa en odontología y cirugía para dejar inconsciente al paciente. Pág. 41.

pajar, buscar una aguja en un: intentar encontrar *una aguja en un montón de paja:* tarea extremadamente difícil o imposible. Pág. 39.

parasitario: que toma ayuda o energía de otra fuente. Pág. 73.

parcialmente: en cierto grado o medida; en parte, etc. Pág. 73.

parque, paseo por el: una tarea que no es fácil. Pág. 96.

pasajero, conducir como: interferir en los asuntos desde una posición subordinada dando consejos que no se han pedido. De la costumbre del pasajero de un coche de dar consejos, advertencias y críticas, etc., al conductor, especialmente desde el asiento de atrás. Pág. 86.

paseo por el parque: una tarea que no es fácil. Pág. 96.

patológico, estado: cualquier situación que sea una desviación de la condición saludable normal, como una enfermedad. Pág. 111.

Pavlov: Ivan Petrovich Pavlov (1849–1936), fisiólogo ruso, famoso por sus experimentos con perros. Pavlov le enseñaba comida a un perro, mientras hacía sonar una campana. Después de repetir este proceso varias veces, el perro (anticipadamente) segregaba saliva al sonar la campana, tanto si había comida como si no. Pavlov concluyó que todos los hábitos adquiridos, incluso las actividades mentales superiores del Hombre, dependían de los *reflejos condicionados.* Un reflejo condicionado es una respuesta (por ejemplo, la secreción de saliva en un perro) producida por un estímulo secundario (por ejemplo, el sonido de una campana) que se asocia repetidamente con un estímulo original (por ejemplo, el ver la carne). Pág. 37.

peculiar: que tiene una característica exclusivamente propia; distinto a otros; fuera de lo común, inusual; extraño, raro. Pág. 73.

pensamiento: (como en *ciencia del pensamiento*) la mente, o lo que está en la mente. Pág. 19.

pensándolo bien: reconsiderando o revisando una opinión de un pensamiento o declaración previa (a veces apresurada). Pág. 46.

peón: persona usada para hacer progresar los propósitos de otro. Del juego del ajedrez en que el peón es la pieza de menor tamaño y valor. Pág. 45.

percéptico: mensaje sensorial percibido y grabado, como la sensación orgánica, el olor, el sabor, el tacto, el audio, la visión, etc. Pág. 61.

perceptor: algo que percibe. Pág. 5.

perdurable: que continúa o permanece durante mucho tiempo; permanente. Pág. 84.

perecedero: de poca duración, o destinado a perecer o a terminarse. Pág. 78.

personajes dramáticos: en Dianética, las personas presentes en un engrama. El término proviene del latín *dramatis personae* y significa literalmente gente (o personas) de un drama, y se usa para referirse a los actores o personajes de un drama u obra o aquellos que son parte de un suceso real. Pág. 103.

plano: nivel de existencia, conciencia o desarrollo. Pág. 46.

poder de elección: capacidad o facultad para determinar o decidir algo (como un curso de acción). Pág. 69.

polaridad: cualidad o condición de un cuerpo u organismo físico que manifiesta propiedades opuestas o en contraste, como en un imán, donde un extremo es positivo y el otro negativo. *Polaridad inversa* alude a un estado en que dos objetos, condiciones, etc., tienen fuerzas opuestas. Pág. 31.

polaridad inversa: *polaridad* es esa cualidad o condición de un cuerpo u organismo físico que manifiesta propiedades opuestas o en contraste, como en un imán, donde un extremo es positivo y el otro negativo. *Polaridad inversa* alude a un estado en que dos objetos, condiciones, etc., tienen fuerzas opuestas. Pág. 91.

polémico: inclinado a discutir, peleón. Pág. 14.

pomposamente: caracterizado por palabras largas y en apariencia importantes, pero sin sentido. Pág. 90.

por cierto: se usa para introducir algo que no es en sentido estricto parte del tema que se está tratando; de paso, como un tema secundario. Pág. 31.

posteridad: generaciones sucesivas o futuras. Pág. 90.

postnatal: del periodo después del nacimiento o relacionado con él. Pág. 110.

postulado: proposición que no requiere prueba, al ser evidente por sí misma, o que se supone cierta para un fin concreto, como por ejemplo como base para el razonamiento. Pág. 18.

postular: dar por hecho que algo es cierto, real o necesario, especialmente como base para el razonamiento. Pág. 13.

práctico: conveniente para manipularlo o usarlo. Pág. 42.

precario: inseguro o escaso, de poca estabilidad o duración. Pág. 43.

precursor: predecesor en alguna actividad, campo, tema, etc. Pág. 39.

predisponer: hacer que esté inclinado a hacer, experimentar, actuar, etc. Pág. 77.

premisa: algo que se supone que es cierto y que se usa como base para desarrollar una idea. Pág. 39.

prenatal: que ocurre, existe o tiene lugar antes del nacimiento. En Dianética significa experiencias e incidentes que suceden y se registran en la mente mientras se está en la matriz antes del nacimiento. Pág. 97.

prescrito: establecido como regla o curso de acción a seguir. Pág. 100.

primario: lo que está primero en orden, nivel o importancia; cualquier cosa de la que otra surge o se deriva. Pág. 90.

Primer Motor Inmóvil: de acuerdo con la filosofía del filósofo griego Aristóteles (384–322 a.C.), lo que es la primera causa de todo movimiento en el universo, y que permanece inmóvil él mismo. Se decía que el Primer Motor era eterno, inmaterial e inmutable, y Aristóteles consideró al Primer Motor como pensamiento o mente divinos, o Dios. El término se coloca en mayúscula siguiendo la práctica de poner en mayúsculas las palabras con que se nombra a *Dios*. Pág. 14.

principio: verdad, ley, doctrina o fuerza motivadora fundamental sobre la que se basan otras. Pág. 5.

principio hindú, antiguo: alusión a las técnicas de regresión y revivificación que se usaron en Asia durante miles de años. A diferencia de las escuelas occidentales recientes, que sostenían que la regresión sólo era posible en sujetos en trance o hipnotizados, en Asia se descubrió que esta capacidad era innata en el individuo que está completamente alerta. Pág. 62.

proceso: serie de pasos, acciones o cambios, sistemática y técnicamente exactos, para producir un resultado concreto y definido. En Dianética, es una serie precisa de técnicas o ejercicios aplicados por un profesional para eliminar aberraciones y restaurar el potencial completo de la capacidad de computar de la mente. Pág. 97.

programación: acción y efecto de realizar una serie de instrucciones que le dicen a una computadora que lleve a cabo ciertas tareas o funciones. Pág. 4.

proporción: relación correspondiente entre dos o más cosas; vínculo proporcional. Una *proporción* se expresa a veces como un número o cantidad en relación con otro número o cantidad. Por ejemplo, si una persona pasa diez horas dentro y una hora fuera, la proporción es de diez a uno (10:1). Pág. 46.

proposición: algo que se propone u ofrece para ser considerado, aceptado o adoptado. Pág. 8.

provisional: temporal o que no es permanente. Pág. 97.

provisionalmente: organizado o existente para el presente, posiblemente a ser cambiado después; condicional. Pág. 27.

proyecto: cometido propuesto o planificado que requiere de esfuerzo concentrado. Pág. 8.

psicoanálisis: sistema de terapia mental desarrollado por Sigmund Freud (1856–1939) en Austria en 1894, en el cual al paciente se le hacía hablar durante años acerca de su niñez y recordar incidentes que Freud creía que eran la causa de los males mentales. Pág. 37.

psicología: psicología moderna, desarrollada en 1879 por el profesor alemán Wilhelm Wundt (1832–1920), en la Universidad de Leipzig, en Alemania, quien concebía que el Hombre era un animal sin alma, basando todo su trabajo en el principio de que no existía la psique (palabra derivada de la palabra griega que significa "espíritu"). La psicología, el estudio del espíritu (o mente), se colocó entonces en la peculiar posición de ser "un estudio del espíritu que negaba el espíritu". Pág. 9.

psicosis: conflicto de órdenes que reduce gravemente la capacidad de un individuo para resolver sus problemas en su entorno hasta tal punto que no puede adaptarse a cierta fase vital de sus necesidades ambientales. Pág. 20.

psicosomático: sensación, dolor o malestar corporal que proviene de la mente. Viene de *psique* (mente) y *somático* (cuerpo). Pág. v.

qué tal nos va: considerar (un principio, teoría, etc.) para ver si encaja con los hechos, muy parecido a como uno se pondría un guante para ver si le viene bien a la mano. De ahí, ver *qué tal nos va* alude a considerar un principio, idea o teoría para ver si encaja con los hechos, o si es funcional. Pág. 17.

Quiensea: persona indefinida o sin especificar y que puede pensarse que es representativa o típica. Pág. 39.

quinta rueda: viejo dicho que alude a que añadir una quinta rueda a un carro, vagón o automóvil es innecesario e inútil. Una quinta rueda en un monociclo es aún menos útil. Pág. 62.

radical: cosa o característica fundamental; principio básico. Pág. 20.

ramera: mujer de mala reputación; mujer que mantiene relaciones sexuales a cambio de dinero. Pág. 56.

rastro: evidencia o indicador de la presencia o existencia anterior de algo, como un rastro de memoria. Pág. 84.

razonado, no: hecho sin juicio; carente de sentido racional o lógico. Pág. 75.

recuerdo: acción de volver a experimentar sensaciones únicas o múltiples de incidentes pasados, estando el propio individuo en tiempo presente. En otras palabras, algunas personas, cuando piensan en una rosa, ven una, la huelen, la sienten. Ven a todo color, vívidamente. La huelen vívidamente. Y pueden sentir hasta sus espinas. Están pensando acerca de rosas recordando realmente una rosa. Pág. 5.

reestimulación: condición en que se percibe en el entorno del organismo algo similar al contenido de la mente reactiva o de alguna parte de ella. Pág. 71.

reestimulado: reactivado; estimulado de nuevo. *Re-* significa "de nuevo" y *estimular* significa "poner en acción o actividad". Pág. 80.

reflexión: pensamiento, meditación o consideración de algo con detenimiento. Por lo tanto, *reflexión vocal* sería hablar con cuidado; considerar con cuidado lo que uno dice. Pág. 6.

refrenar: impedir que haga algo; mantener a raya o bajo restricción; retener. Pág. 70.

registro: acción de introducir y registrar de manera precisa. Pág. 3.

regla de cálculo: aparato para hacer cálculos matemáticos precisos, como multiplicación y división; consiste en una regla con una pieza deslizante. De ahí que *"tiene sentido en la regla de cálculo"* significa que es válido desde un punto de vista de la ingeniería y la ciencia. Pág. 17.

regresión: técnica por la cual parte del ser del individuo permanece en el presente y otra parte regresa al pasado. Pág. 62.

regusto: que parece tener una cantidad o cualidad de algo. Pág. 76.

Reims, catedral de: Reims es una ciudad del norte de Francia, a 158 kilómetros al noreste de París. La catedral de Notre Dame en Reims comenzó a construirse en el siglo XIII y se terminó en 1430; es famosa por su arquitectura y es el lugar donde se coronaron casi todos los reyes franceses. Pág. 15.

remendarse: repararse o arreglarse. Pág. 48.

renacuajo: primera etapa de desarrollo de una rana o sapo. Pág. 68.

repisa de la chimenea: tramo encima de una chimenea y que sobresale hacia fuera. Pág. 20.

represión: acción, proceso o resultado de suprimir adentro de la inconsciencia memorias, impulsos, temores o deseos dolorosos, o de mantenerlos fuera de la mente consciente. Pág. 20.

respiratorio, sistema: sistema de órganos en el cuerpo, principalmente la nariz, garganta, tráquea y pulmones. El sistema respiratorio es responsable del proceso de inhalar y exhalar, y de suministrar oxígeno a la sangre para ser transportado a todas las células del cuerpo. Pág. 100.

resumen, en: frase que introduce una declaración que expresa en pocas palabras lo que se ha dicho antes. Pág. 80.

resurgir: surgir de nuevo, volver a aparecer. Pág. 102.

retroalimentación: en electrónica, proceso mediante el cual sale un flujo eléctrico de un circuito y una parte se devuelve a la entrada del circuito para ser leído y analizado, para permitir al circuito controlar mejor su funcionamiento. Se usa en sentido figurado para describir mecanismos mentales que llevan a cabo una función similar. Pág. 48.

reverie: leve estado de "concentración", que no hay que confundir con la hipnosis; en reverie, la persona está completamente consciente de lo que está ocurriendo en el presente. Pág. 102.

revivificación: volver a vivir un incidente o alguna parte de él como si estuviera ocurriendo ahora. Pág. 63.

robusto: capaz de soportar condiciones difíciles; fuerte; de buena salud. Pág. 34.

romano, oráculo: señal, como un trueno, rayo, vuelos y chillidos de pájaros o el movimiento de serpientes y ratones, que los antiguos romanos creían que predecía la buena o mala suerte. Pág. 39.

Rube Goldberg: (1883–1970) dibujante norteamericano de historietas conocido por su representación de aparatos mecánicos ridículamente complicados diseñados para lograr tareas absurdamente simples. Pág. 43.

salida en falso: comienzo fallido de algo. Pág. 36.

salir de circuito: en electricidad, un *circuito* es un camino completo que recorre una corriente eléctrica y que lleva a cabo una acción concreta. Cuando algo se *sale de circuito*, está fuera del trayecto de la corriente eléctrica, y por tanto no puede funcionar. Por lo tanto, alude a algo que ya no está en funcionamiento. Pág. 69.

salobre: salado, sobre todo por ser mezcla de agua dulce y salada. Pág. 68.

sálvese quien pueda: caracterizado por una situación en que cada persona se preocupa únicamente de su propia seguridad o progreso, y no de los demás ni del equipo. Pág. 86.

santuario: lugar de adoración o devoción a un santo o dios. Pág. 14.

santuario milagroso: alusión a una iglesia ubicada en Sudamérica, en las montañas de Ecuador, fuera de la cual había una montaña de muletas, desechadas por los lisiados que se habían curado simplemente con acercarse al altar. *Santuario* significa lugar de adoración o devoción a un santo o dios. Pág. 14.

saquear: en sentido figurado, registrar o examinar minuciosamente. Pág. 60.

sarga azul, traje de: prenda hecha con una tela de lana fuerte, tejida de manera que se producen relieves diagonales en la superficie de la misma. Pág. 15.

sectas de Los Ángeles: alusión a la diversidad de rezos, modas y fanatismos que caracterizaban el área metropolitana de Los Ángeles (la ciudad de Los Ángeles tomada en conjunto con sus ciudades vecinas, como Hollywood, Glendale, Santa Mónica, Burbank, etc.) en el momento de escribirse este libro; desde la lectura de la mano al consumo de drogas, las modas alimentarias y el culturismo. Pág. 9.

secuencia de pensamientos: serie conexa de pensamientos en la mente de una persona en un momento dado. Pág. 61.

selecto: bien escogido; excelente. Usado humorísticamente con el sentido opuesto. Pág. 74.

semántica: estudio y análisis del significado e interrelaciones de las palabras, oraciones, etc. Pág. 73.

semántica general: enfoque filosófico del lenguaje, desarrollado por Alfred Korzybski (1879–1950), que buscaba una base científica para una clara comprensión de la diferencia entre las palabras y la realidad, y las formas en que las palabras mismas pueden influenciar y limitar la capacidad del Hombre para pensar. Korzybski creía que los hombres identifican equivocadamente las palabras con los objetos que representan, y que tienen reacciones no óptimas ante las palabras basadas en experiencias del pasado. Desarrolló también un sistema altamente organizado de las diferentes categorías de percepciones (llamadas sensaciones), y creó una tabla precisa que mostraba sus diversas características y propiedades físicas. Pág. 73.

senda: camino o curso de razonamiento, investigación, estudio, etc. Pág. 35.

sensación orgánica: cualquiera de los diversos sentidos que le dicen al sistema nervioso el estado de los diversos órganos del cuerpo. Pág. 61.

sensorial: que pertenece a los sentidos o a la sensación, como la vista, el oído, el tacto, el olfato. Pág. 48.

Shannon, Dr.: Dr. Claude E. Shannon (1916–2001), matemático y científico informático norteamericano cuyas teorías establecieron los fundamentos de todas las formas de comunicación electrónica y para las computadoras electrónicas. Shannon descubrió que las palabras, sonidos e imágenes podían todos ser representados usando un *código binario,* lenguaje sencillo que consiste en sólo dos símbolos (los dígitos 0 y 1), conocidos como dígitos binarios. *Binario* procede de una palabra latina que significa de dos en dos. Pág. 53.

simbionte: cualquier cosa que forma o mantiene una relación interdependiente o mutuamente beneficiosa con otro. Pág. 90.

simulado: imitando el carácter, condiciones o apariencia de algo; fingido. Pág. 103.

siniestro: maligno, malvado o malo, sobre todo, de alguna manera oscura y misteriosa. Pág. 112.

sioux, hechicero: de una tribu de indígenas norteamericanos (los sioux), uno que se pensaba que poseía poderes mágicos sobrenaturales. Pág. 9.

sistema nervioso: red de conductos por la que viaja información a través del cuerpo incluyendo las células nerviosas, los tejidos, la columna vertebral, el cerebro, etc. Por ejemplo, al cerebro se le envían datos. El cerebro envía entonces instrucciones mediante otros conductos nerviosos a varias partes del cuerpo, como los músculos, para que el cuerpo pueda responder a la información. El sistema nervioso también regula funciones tales como la respiración, la digestión y el pulso. Pág. 39.

sistematizar: asignar o describir a base de una clasificación fundamental. Pág. 8.

sobrecarga: cantidad excesiva o adicional de "carga", peso, agobio o suministro (de algo material o inmaterial). Pág. 71.

sobresaliente, punto: parte más importante o significativa de una actividad, experiencia, etc. Pág. 61.

Sócrates: (aprox. 470–399 a.C.) filósofo griego del que se decía que creía en un "demonio" (es decir, una voz interior). El demonio supuestamente le prohibía a Sócrates hacer cosas, pero nunca le dio ningún ánimo positivo. Pág. 14.

somático: término que se usa en Dianética para designar el dolor, cualquier condición corporal experimentada cuando se contacta con un engrama; el dolor de una enfermedad psicosomática. Pág. 96.

someterse: estar de acuerdo con experimentar algo. Pág. 15.

sondear: llevar a cabo una acción exploratoria, sobre todo una diseñada para indagar y obtener información. Pág. 67.

sónico: recuerdo del sonido. Pág. 33.

sórdido: sucio y deprimente; también, que demuestra los peores aspectos de la naturaleza humana, como el egoísmo y la codicia. Pág. 79.

Spencer: Herbert Spencer (1820–1903), filósofo inglés conocido por aplicar las doctrinas científicas de la evolución a la filosofía y la ética. Alegaba que la evolución, cuyos principios venían originalmente de las antiguas escrituras indias (orientales), es en realidad un movimiento progresivo donde los seres individuales cambian sus características y costumbres hasta estar perfectamente adaptados a las circunstancias, en cuyo momento ya no se requeriría de nuevos cambios. Pág. 16.

subaudio: que no está dentro del ámbito del oído humano. *Audio* alude a oír o al sonido dentro del ámbito del oído humano; *sub-* quiere decir por debajo o inferior. Pág. 27.

subjetivo: existente en la mente; dependiente de la mente o de la percepción de un individuo para su existencia, al contrario de "objetivo". Pág. 97.

subóptimo: estar por debajo del nivel o estándar más favorable o deseable, o ser menos que este. Pág. 104.

sucesivo: que ocurre o existe uno tras otro; que sigue un orden ininterrumpido; consecutivo. Pág. 45.

sucumbir: dar paso o ceder; rendirse o desistir. Pág. 82.

sugestión: acción de instar a alguien a una acción o curso de acción en concreto; poner en la mente una idea. En la hipnosis en concreto, es el proceso de influenciar a una persona para que acepte una idea, orden, impulso, etc., sin su conocimiento consciente. Pág. 20.

sugestión posthipnótica: sugestión que se hace durante la hipnosis de manera tal que cause efecto después (post) de despertarse. Pág. 20.

sugestivo: característico de la *sugestión,* acción de instar a alguien a una acción o curso de acción en concreto; poner en la mente una idea. En la hipnosis en concreto, es el proceso de influenciar a una persona para que acepte una idea, orden, impulso, etc., sin su conocimiento consciente. Pág. 67.

suministrar: abastecer o proveer a alguien de algo. Pág. 5.

suposición: algo que se acepta como verdadero (sin que haya sido demostrado del todo) como punto de partida para acciones adicionales. Pág. 8.

susceptible: de tal naturaleza, carácter o constitución como para poder someterse a una acción, proceso u operación; que puede ser influenciado o afectado; que puede experimentar, admitir (alguna acción o proceso). Pág. 45.

táctil: sentido del tacto. Pág. 4.

Tarawa: isla en el centro occidental del océano Pacífico, 4,500 kilómetros al noreste de Australia. Los Marines de Estados Unidos la capturaron de los japoneses en 1943, en una de las batallas más sangrientas de la Segunda Guerra Mundial. Pág. 42.

telepatía: supuesta comunicación que va directamente de la mente de una persona a la de otra, sin verbalización, escritura ni ningún otro signo ni símbolo. Pág. 15.

teoría no microbiana de la enfermedad: principio propuesto en Dianética de que la enfermedad también puede ser causada por la mente. La teoría microbiana de la enfermedad sostiene que la enfermedad la producen los microbios (organismos microscópicos que causan enfermedad) que atacan al cuerpo desde fuera. Pág. 111.

terapéutico: que tiene un buen efecto sobre el cuerpo o la mente; que aporta una sensación de bienestar. Pág. 109.

terreno: conjunto de actividades, conocimientos, etc., de cierta clase. Pág. 56.

Toh: agente del mundo espiritual en algunas culturas primitivas, considerado espíritu maligno y al que se culpa de desastres, como las malas cosechas, la enfermedad y la muerte. Pág. 27.

tono: estado o condición física de algo, por ejemplo del cuerpo o de un órgano. Pág. 91.

traje de sarga azul: prenda hecha con una tela de lana fuerte, tejida de manera que se producen relieves diagonales en la superficie de la misma. Pág. 15.

trama: plan o sistema de algo; cómo está dispuesto o arreglado algo. Pág. 102.

trance: estado semiconsciente, aparentemente entre el sueño y el despertar. Pág. 63.

trance amnésico: trance profundo de una persona dormida, que hace que sea susceptible a aceptar órdenes. Pág. 20.

tranvía: vehículo de transporte público que viaja por las calles de la ciudad sobre raíles metálicos instalados en el pavimento, usado principalmente para transportar pasajeros, generalmente dentro de la ciudad. Pág. 95.

traumático: emocionalmente trastornador o angustioso. Pág. 63.

trivial: artículo, detalle o información insignificantes u oscuros. Pág. 6.

trompa, larga: enorme cuerno que utilizan los monjes budistas del Tíbet para acompañar las salmodias (canto monótono, sin gracia ni expresión). Los largos y rectos tubos de cobre, acampanados en el extremo, varían de metro y medio a seis metros de longitud. Pág. 45.

truco de la cuerda hindú: truco de magia, de origen oriental, en el que un mago suspende una cuerda en el aire, por la que luego sube una persona y aparentemente desaparece. Pág. 15.

tuberculosis: enfermedad infecciosa que puede afectar a casi cualquier tejido del cuerpo, especialmente a los pulmones, y que antaño era una de las causas más comunes de mortandad en el mundo. Pág. 100.

úlcera: llaga abierta (diferente a una herida) en la piel o algún órgano interno, como por ejemplo el revestimiento del estómago, y que se caracteriza por la desintegración del tejido afectado. Pág. 96.

uniforme(mente): 1. constante; sin variación ni alteración; invariable. Pág. 34.
2. que es igual en todos los casos y en todo momento. Pág. 36.

unitario: relacionado con ser lo mismo, como si fuera una sola cosa, grupo, etc. Pág. 37.

Universo: todo lo que existe en todas partes; todo el *continuum* de espacio-tiempo en el cual existimos, además de toda la energía y materia que contiene, a diferencia del universo observable, y mayor que este. Pág. 3.

valencia: literalmente, la capacidad para combinarse con otro o adoptar partes de él. En Dianética, *valencia* es bien una personalidad real o bien una personalidad en la sombra. La valencia propia es la personalidad real. Una personalidad en la sombra es adoptar las características físicas o emocionales o los rasgos de otro. Una multivalencia serían *muchas personalidades.* Pág. 103.

valle de Salinas: valle fértil (con suelo o tierra que produce mucho) ubicado al oeste del estado de California, al sur de San Francisco. Pág. 15.

valor de necesidad: grado de importancia o valía con que se considera a alguien o algo en base a cuánto se requiere o se necesita. Pág. 4.

válvulas de vacío, artefacto de: alusión a las computadoras que existían a finales de los años 40. La *válvula de vacío* era un artefacto ampliamente utilizado en electrónica para controlar flujos de corrientes eléctricas. Se llama *válvula de vacío* porque es un tubo o bombilla de cristal cerrado herméticamente del que se ha extraído casi todo el aire para mejorar el flujo eléctrico. *Artefacto* es un conjunto organizado de piezas que cumple una función determinada. Pág. 48.

variable: algo sujeto a cambio. El término es más común en las matemáticas y la ciencia, donde representa algo desconocido o impredecible. Una variable a menudo se contrasta con una *constante,* que es conocida e invariable. Pág. 3.

variable incontrolable: factor, en una situación o problema, que se comporta de manera errática, extraña o impredecible. El término *variable* es más común en las matemáticas y la ciencia, donde representa algo desconocido o impredecible. Una variable a menudo se contrapone a una *constante,* que es conocida e invariable. Pág. 19.

verbalmente: por la voz o con ella (a diferencia de mentalmente); con palabras. Pág. 3.

Verdad: relativo a alguna realidad ideal o concebida que es distinta a la experiencia percibida y que la rebasa. Pág. 8.

vía: literalmente, un camino. Por lo tanto, cualquiera de las formas o cursos de acción mediante las cuales se puede abordar un problema, situación, investigación, etc., o progresar hacia algo. Pág. 110.

Vida: causa o fuente del vivir; principio que anima; lo que hace que algo viva, o que lo mantiene vivo. Pág. 97.

vida o muerte, de: literalmente, que involucra o determina la vida o la muerte. De ahí, vitalmente importante; extremadamente serio, como algo que termina con la muerte o posible muerte de alguien a quien se alude. Pág. 54.

video en color: relacionado con una grabación mental que muestra visualmente cuadros a color en movimiento, o relativo a ella. *Video* proviene del latín *videre:* ver. Pág. 61.

villano de la obra: persona o cosa que es culpable o responsable de lo que es dañino o va mal en alguna actividad o situación. *Obra* se refiere a una obra de teatro o película en que el *villano* es el personaje cuyas malvadas motivaciones o acciones forman un elemento importante en la trama. Pág. 67.

visión: 1. sentido de la vista. Pág. 4.
2. que tiene que ver con el sentido de la vista. Pág. 27.

visión cromática: capacidad para percibir, recordar o imaginar vistas en color. Pág. 4.

vivir para pensar otro día: alusión a un viejo dicho: "El que lucha y se da a la fuga vivirá para luchar otro día". De un poema anónimo escrito alrededor de mediados del siglo XVIII. El poema completo dice así:
> *"El que lucha y se da a la fuga*
> *puede volver y luchar otro día.*
> *Pero el que en batalla es muerto*
> *jamás se levantará para luchar de nuevo".* Pág. 69.

volar: causar que algo se disipe y desaparezca, como si fuera por una explosión. Pág. 102.

voltímetro: instrumento para medir voltios, la presión de la electricidad. Pág. 48.

vox populi: sentimiento popular o la expresión de la opinión general. *Vox populi* es una frase latina que significa literalmente "la voz del pueblo". Pág. 101.

vudú: término usado para describir diversas creencias, tradiciones y prácticas que provienen principalmente de religiones tradicionales africanas y del cristianismo. La palabra *vudú* proviene de una palabra africana que significa "Dios, espíritu u objeto sagrado". Los seguidores del vudú creen en la existencia de un Ser Supremo y de espíritus fuertes y débiles. Cada persona tiene un espíritu protector que premia al individuo con riqueza y lo castiga con enfermedad. Los rituales del vudú a menudo los dirige un sacerdote o una sacerdotisa, y los creyentes invocan a los espíritus tocando el tambor, bailando, cantando y festejando. Durante el baile, un espíritu tomará posesión de un bailarín, que entonces se comporta de la manera característica del espíritu poseedor. Pág. 14.

"yo": (en la filosofía y en otros campos) el origen del pensamiento; la persona misma, distinta del cuerpo, la cual es consciente de ser ella misma; el alma. Pág. 54.

zombi: estado de falta de energía, entusiasmo o capacidad para pensar independientemente, parecido al de un *zombi,* un cadáver al que se le ha devuelto a la vida. Pág. 61.

ÍNDICE TEMÁTICO

ÍNDICE TEMÁTICO

ÍNDICE TEMÁTICO

ÍNDICE TEMÁTICO

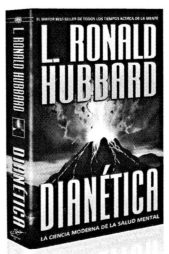